Uta Rüchel

Verschwiegene Erbschaften

Wie Erinnerungskulturen den Umgang mit Geflüchteten prägen

Projektdurchführung und Drucklegung wurden gefördert durch:

BUNDESSTIFTUNG AUFARBEITUNG

Bundesstiftung
zur Aufarbeitung
der SED-Diktatur

Die Landesbeauftragte
für Mecklenburg-
Vorpommern
für die Unterlagen des
Staatssicherheitsdienstes
der ehemaligen DDR

LpB MECKLENBURG - VORPOMMERN
Landeszentrale
für politische Bildung

Landeszentrale für
politische Bildung
Mecklenburg-
Vorpommern

Ein Projekt
der Gesellschaft für Regional-
und Zeitgeschichte e.V.

Herausgeberin:
Gesellschaft für Regional- und Zeitgeschichte e.V., Schwerin

Vertrieb über:
Landeszentrale für politische Bildung Mecklenburg-Vorpommern
Jägerweg 2
19053 Schwerin
www.lpb-mv.de
poststelle@lpb.mv-regierung.de
Tel.: 03 85 / 3 02 09 10

Titelbild: Rüdiger Disselberger
Satz: Janner & Schöne Medien GmbH, Schwerin
Druck: Druckerei Weidner GmbH, Rostock

Schwerin, 2018
ISBN: 978-3-00-059403-8

Inhaltsverzeichnis

Einleitung 7

Erinnern ist ein endloser Fluss 13
Erinnern und Vergessen 17
Die Gesetze der Erzählbarkeit 20
Schweigen als Zuflucht 24

Integration und Erinnern 28
Vom Ankommen in der Fremde 28
Neue Heimat-Politik in der DDR 36
Alte Heimat-Politik in der Bundesrepublik 43
Machtvolle Geschichten und kollektives Gedächtnis 51
Individuelles Gedächtnis und kulturelle Rahmen 64

Integration und Vergessen 73
Die Mühen der Ebene 73
Schweigen über Schuld und Scham 87
Aufstand gegen das Schweigen 93
Die Abwesenheit der Täter 97

Entfremdete Vergangenheit 106
Traumata und ihre Folgen 109
Transgenerationale Übertragungen 117
Systemumbruch und Heimatverlust 130
Schicksalsvergleiche und Erinnerungsschatten 139

Beheimatetsein und die Haltung zu Geflüchteten 143
Ostdeutsche Spezifika 143
Das Sein bestimmt das Bewusstsein 148
Heimat braucht Erinnern und Erzählen 160

Offene Gesellschaften – offene Erinnerungskulturen 164

Anmerkungen 173

Angaben zur Autorin 191

Einleitung

Seit der Jahrtausendwende ist viel von Kriegskindern und Kriegsenkeln die Rede. Eindringliche Schwarz-Weiß-Bilder von Flucht und Vertreibung prägen das kollektive Gedächtnis der Deutschen. Geflüchtete, die in Deutschland Schutz und ein besseres Leben suchen, haben die Erinnerungen an die eigene Geschichte einmal mehr wachgerufen. Zu Beginn der sogenannten Flüchtlingskrise im Herbst 2015 war die Hoffnung groß, dass daraus Mitgefühl und solidarisches Handeln erwachsen. Zwei Jahre später werden die Debatten von Bewegungen und Parteien beherrscht, die in vermehrter Zuwanderung vor allem eine Bedrohung sehen. Fremdenfeindliche Aussagen finden in den ostdeutschen Bundesländern eine noch größere Zustimmung als im Westen.[1] Die Frage, was mit den Ostdeutschen los ist, steht im Raum.

Nach dem Fall der Berliner Mauer bildeten Krieg, Bombennächte, Flucht und Vertreibung ein willkommenes gesamtdeutsches Narrativ. Auch ich stelle beim Lesen verschiedener Bücher über Kriegskinder und -enkel fest, wie vertraut mir vieles ist, was die vornehmlich in Westdeutschland Aufgewachsenen darin erzählen, obwohl ich wesentliche biographische Details nicht mit ihnen teile. Spielt das Familiäre eine derart dominante Rolle, wenn es darum geht, was eine durch Nationalsozialismus und Krieg geprägte Generation an ihre Nachfahren weitergibt? Fällt die Sozialisation in zwei verschiedenen Gesellschaften, mit ihrer je eigenen Erinnerungskultur, hier kaum ins Gewicht? Ich suche im Internet nach Kriegskinder- und Kriegsenkel-Vereinen. Zu meinem Erstaunen existieren sie vor allem westlich der Elbe.[2] Werfen verschiedene Vergangenheiten also doch ihre langen Schatten bis in die Gegenwart? Und könnte es dann sein, dass die Haltung gegenüber den Flüchtlingen, die heute zu uns kommen, auch durch den unterschiedlichen Umgang mit Flucht und Vertreibung in Ost und West geprägt ist?

Ich will meine Fragen nicht nur mittels Fachbücher beantworten. Ohnehin gibt es wenige, die den Osten wie den Westen gleichermaßen

in den Blick nehmen. Mich interessieren die Lebensgeschichten der Menschen, die sich für Flüchtlinge engagieren bzw. ihnen skeptisch oder gar ablehnend gegenüberstehen. Spiegeln sich die familiären Erfahrungen mit Flucht und Vertreibung, oder auch die verschiedenen Erinnerungskulturen in ihren Haltungen?
Um meine Interviewpartner[3] zu finden, suchte ich im Frühjahr 2016 nach zwei vergleichbaren Orten in Ost und West, in denen es Erstaufnahmeeinrichtungen für Flüchtlinge gibt. Ich entschied mich für Stavenhagen in Mecklenburg-Vorpommern und Boostedt in Schleswig-Holstein.[4] Beide Bundesländer hatten nach dem Krieg aufgrund der Flüchtlinge, Vertriebenen und Zwangsumgesiedelten den größten Zuwachs an Bevölkerung. In Schleswig-Holstein war die Bevölkerung innerhalb von sieben Jahren um 67 Prozent, in Mecklenburg-Vorpommern um 52 Prozent gewachsen. Beide Orte haben etwa 5 000 Einwohner. Die Flüchtlingsunterkünfte befanden sich jeweils gut zwei Kilometer entfernt auf einem Kasernengelände, das zuvor durch die Bundeswehr genutzt wurde.
Auch wenn Boostedt und Stavenhagen eine vergleichbare Einwohnerzahl haben, sind die Bedingungen vor Ort doch offenbar verschieden. Als ich im Internet nach Erstaufnahmeeinrichtungen in Schleswig-Holstein suchte, öffnete sich eine Seite[5], die die Aufnahme von Flüchtlingen als humanitäre Verpflichtung bezeichnet. Ansprechend gestaltet, transparent und informativ scheint diese Webpräsentation eine offene Verwaltung und eine gewisse Willkommenskultur zu bezeugen. Als ich dieselbe Suchanfrage für Mecklenburg-Vorpommern eingab, begegnete mir eine ganz andere Seite[6]: überwiegend sachliches Grau, kein einladender Satz, kein menschliches Gesicht, die gesuchten Informationen nur schwer zu finden. Die Aufnahme und Integration von Flüchtlingen schien hier vor allem eine Verwaltungsangelegenheit. Inzwischen ist der Internetauftritt des Landesamtes für innere Verwaltung, der zentralen Ausländerbehörde des Landes Mecklenburg-Vorpommern ansprechender gestaltet worden. Eine Willkommenskultur ist nach wie vor kaum erkennbar. Parallel zur Aufnahme wird die Ausreise thematisiert; die drei aktuellen Beiträge auf der Seite zu Migration informieren über die derzeitige Nut-

zung von Basepohl, „besondere Abschiebemaßnahmen“ und eine „erfolgreiche Sammelrückführung nach Norwegen“.[7]

Über einen zweiten Unterschied stolperte ich an den örtlichen Geldautomaten der Sparkasse. In Boostedt bot der Automat mir als geringsten Auszahlungsbetrag 50 Euro an, in Stavenhagen waren es zehn Euro. Ich ging davon aus, dass die Bank ihre Auszahlungsbeträge nach den Anfragen ihrer Kunden richtet und hatte hier folglich einen ersten Eindruck der jeweiligen sozialen Lage vor Augen.

2016, das Jahr meiner Recherche, war durch intensive Diskussionen um die AfD geprägt. Schließlich sorgte vor allem ihre kritische Haltung zur Flüchtlingspolitik für erstaunliche Wahlerfolge in Sachsen-Anhalt und Mecklenburg-Vorpommern. Im Rahmen meines Projektes führte ich 20 lebensgeschichtliche Interviews mit Männern und Frauen verschiedenen Alters. Die meisten von ihnen haben eigene oder familiäre Erfahrungen mit Flucht und Vertreibung. Diejenigen, die der Flüchtlingspolitik eher kritisch gegenüberstehen, waren nicht nur schwerer zu finden. Sie waren – vor allem in Mecklenburg-Vorpommern – auch schwerer dafür zu gewinnen, mir ihre Geschichte vor laufendem Mikrofon zu erzählen. So interviewte ich überwiegend Menschen, die sich in irgendeiner Form engagieren oder zumindest offen gegenüber den ankommenden Flüchtlingen sind. Ein Geschäftsinhaber in Stavenhagen zog seine anfängliche Bereitschaft mit den Worten zurück: „Am besten man sagt gar nichts. Wie damals in der DDR. Die Presse dreht einem das Wort im Munde um. Alle, die wie ich eine andere Meinung haben, werden gleich in eine Ecke gestellt und als Nazis und Faschisten bezeichnet.“ Ich bedauerte seine Ablehnung; gerade seine Geschichte hätte mich interessiert.

Wie tief sind die Spuren aus der Vergangenheit in der hier beschriebenen Gegenwart? Die meisten Interviews verweisen darauf, dass nicht nur Erfahrungen wie Flucht und Vertreibung die Biographien und Haltungen geprägt haben. Es waren vor allem die Umstände danach: die Art des Ankommens in der neuen Heimat, die Aufstiegschancen, das familiäre Umfeld, aber auch die Verunsicherung durch einschneidende Umbrüche und Systemwechsel. Da überlagert eins

das andere: die Familie, der Krieg, die Nachkriegszeit, Ost und West, die persönliche Biographie, eine sich verändernde Gesellschaft, die Wiedervereinigung. Und immer wieder taucht das Aufgehoben- oder Entwurzeltsein im Familiären, Persönlichen, Gesellschaftlichen auf. Lässt sich all das Schicht für Schicht freilegen, um den Einfluss des Gesellschaftlichen auf das Persönliche entziffern zu können? Das scheint unmöglich; sind es doch im eigentlichen Sinne keine Schichten, die man nacheinander abtragen könnte. Vielmehr hat jede Lebensgeschichte ihre Gestalt, geformt durch eine Vielzahl von Entwicklungen und Einflüssen, die ineinandergreifen. Dieses Geflecht muss den Erzählenden im Detail gar nicht bewusst sein, um zu wirken. Sie erzählen ihre Biographie als eine fortlaufende Geschichte, die, wie jede gute Geschichte, am Ende Sinn stiften soll.
Es stellte sich die Frage, wie ich die im Vertrauen auf meine Redlichkeit erzählten Geschichten in den Text einfließen lasse. Mit meinen Fragen im Hinterkopf wertete ich die Interviews aus. Ich hörte sie mehrmals an, machte mir Notizen, sortierte das Gehörte nach Themen. Es zeigten sich Unterschiede und Ähnlichkeiten zwischen Ost und West wie auch zwischen den Generationen. Ich formulierte erste Thesen, begann zu schreiben und las immer wieder nach, was die Menschen erzählen, und was die Forschung sagt. Hinzu kam mein eigener Blick, gespeist aus den eigenen Erfahrungen, auch ein Geflecht aus Erlebtem, Gehörten und Gelesenem. Es war mir wichtig, das Uneindeutige zu respektieren, das unweigerlich auftaucht, wenn Menschen ihre Geschichten erzählen. Ich stolperte bei der Auswertung über einiges, was ich hörte. Manches war mir zu privat und zu vage, um es ungefragt zu interpretieren. So zitiere ich nur da direkt[8], wo es mir angemessen erscheint. Vieles andere von dem, was mir erzählt wurde, floß in meine Überlegungen mit ein und findet sich eher indirekt wieder.
Wir erzählen und erinnern nicht im luftleeren Raum. Erinnern und Vergessen sind eng mit den sozialen Bezugsrahmen verwoben, die uns umgeben: Familie, Kultur, Gesellschaft. Davon handelt das erste Kapitel ***Erinnern ist ein endloser Fluss***. Was behalten wir im Gedächtnis und was nicht? Was geben wir davon weiter? Was ge-

schieht mit dem, was zu schmerzhaft ist, um es zu erinnern? Egal, ob Einzelne oder Kollektive ihre Geschichte erzählen: Ihr Rückgriff auf die Vergangenheit soll vor allem Sinn stiften, Identität herstellen und dient dazu, die Gegenwart zu bewältigen.

Daran orientierte sich auch die Erinnerungspolitik der beiden deutschen Staaten in Bezug auf Flucht und Vertreibung. So zeigt das zweite Kapitel ***Integration und Erinnern***, dass die Bedingungen des Ankommens für die zwölf Millionen Deutschen, die ihr Zuhause und ihre Heimat verloren hatten, zunächst sehr ähnlich, der Umgang mit der nationalsozialistischen Vergangenheit in Ost und West jedoch sehr verschieden war. Das spiegelte sich sowohl in der Politik als auch in den Erinnerungskulturen der beiden deutschen Staaten. Sie bemühten sich auf unterschiedliche Weise, die Flüchtlinge und Vertriebenen zu integrieren.

Wie das im Einzelnen gelungen ist, thematisiert das dritte Kapitel ***Integration und Vergessen***. Hier wird deutlich, dass auf jeder Seite über einiges gesprochen werden konnte, aber über anderes geschwiegen werden musste. In der Erinnerungskultur kam es im Laufe der Jahrzehnte zu einigen bemerkenswerten Verschiebungen, die sich im familiären Gedächtnis nur bedingt wiederfinden. Besonders hier hält das Schweigen über Schuld und Scham bis heute an.

Das vierte Kapitel ***Entfremdete Vergangenheit*** beschäftigt sich mit der Frage, welche Bedeutung die inzwischen 70 Jahre zurückliegenden Geschichten für die Betroffenen und ihre Nachfahren haben. Wie konnten traumatische Erfahrungen und ihre Folgen verarbeitet werden? Was wurde an nachfolgende Generationen weitergegeben? Was geschieht mit Geschichten, die nie erzählt wurden und welche Rolle spielt hier die jeweilige Erinnerungskultur? Warum tauchten Flucht und Vertreibung nach der Jahrtausendwende in den Medien verstärkt wieder auf?

Als im Herbst 2015 besonders viele Menschen Zuflucht in Deutschland suchten, stand die Gesellschaft einmal mehr vor der Frage nach ihrer Aufnahmebereitschaft. So beschäftigt das fünfte Kapitel ***Beheimatetsein und die Haltung zu Geflüchteten*** sich mit möglichen Zusammenhängen zwischen dem eigenen Beheimatetsein und der

Haltung zu den Flüchtlingen heute. Welche langen Schatten werfen eigene Entwurzelungserfahrungen und Systemumbrüche wie der von 1945, aber auch der von 1989? Was braucht es, um dem ***Fremden*** gegenüber offen sein zu können?

Auf diese letzten Fragen haben mich erst die Erzählungen und Lebensgeschichten meiner Interviewpartner gestoßen. Ich bin ihnen gefolgt. So entstand eine These, die Vergangenheit, Gegenwart und Zukunft verbindet: Wer nicht angekommen ist, kann andere nicht willkommen heißen.

All denen, die mir ihre Zeit wie auch ihr Vertrauen geschenkt und mir aus ihrem Leben erzählt haben, möchte ich hier von Herzen danken. Ohne ihre Geschichten hätte ich dieses Buch so nicht schreiben können. Darüber hinaus danke ich vor allem der Gesellschaft für Regional- und Zeitgeschichte e.V. in Schwerin, die das Projekt ermöglicht und begleitet hat. Der Bundesstiftung zur Aufarbeitung der SED-Diktatur in Berlin, der Landesbeauftragten für Mecklenburg-Vorpommern für die Unterlagen des Staatssicherheitsdienstes der ehemaligen DDR sowie der Landeszentrale für politische Bildung Mecklenburg-Vorpommern danke ich für die finanzielle Förderung.

Mein persönlicher Dank gilt vor allem Kerstin Schenkel, die an der Konzeption wesentlich mitgewirkt hat und mir jederzeit als kritische Gesprächspartnerin zur Seite stand. Für mitdenkendes Lesen und wertvolle Hinweise möchte ich ebenfalls Susanne Timm (GRZ), Jörn Mothes (GRZ), Judith Ruyters und Regina Voss herzlich danken. Alexander von Plato und Michael J. Froese sei für anregende Gespräche gedankt. Und über all das hinaus danke ich meinen Eltern, ohne die es dieses Buch nicht gegeben hätte.

Erinnern ist ein endloser Fluss

Erinnerungen bezeugen keine objektiven Tatsachen. Jede noch so feste Überzeugung, es sei so und nicht anders gewesen, kann trügen. Erinnerungen sind vielschichtig – wie die Geschichten, die aus ihnen entstehen. Erinnerungen bewegen sich an der Grenze von der Vergangenheit zur Gegenwart. Das im Gestern Erfahrene gelangt durch sie ins Heute. Bestimmte Erinnerungen verblassen oder verschwinden ganz, andere werden immer plastischer.
Wo erzählt wird, wird Zeugnis abgelegt und Identität gestiftet. Das so in die Welt Getragene bleibt in Bewegung. Nicht selten stehen Geschichten einander gegenüber, die Dasselbe ganz anders erzählen, aus einer anderen Perspektive, mit einer anderen Interpretation. Erinnerung ist eng verbunden mit Zugehörigkeit – zu einer Familie, einer Gruppe, einer Gesellschaft. Der französische Soziologe Maurice Halbwachs prägte dafür vor fast 100 Jahren den Begriff des kollektiven Gedächtnisses.[9] Er verwies darauf, dass jede Erinnerung einen Bezugsrahmen hat. Dazu gehören nicht nur die Menschen, mit denen wir Erfahrungen teilen und uns gemeinsam erinnern. Ebenso stark wirken die kulturellen Rahmen, in denen wir uns bewegen: Rituale, Symbole, in Filmen und Büchern erzählte Geschichten, Gedenkstätten, Museen, Schulbücher, Straßennamen – kurzum alles, wodurch Geschichte rekonstruiert und gedeutet wird.
Soziale und kulturelle Bezugsrahmen definieren – wie jeder Rahmen – eine Grenze: Es gibt ein Außen, das nicht erinnert oder sogar bewusst aus der Erinnerung ausgeschlossen wird – die verschwiegenen Erbschaften. Im besten Fall bleibt das Erzählen im Fluss, der Rahmen kann sich verschieben, die Deutungen auch. Was vorher am Rande existierte, gelangt nach Jahren oder Jahrzehnten ins Zentrum und bislang Verschwiegenes kommt zur Sprache. Dafür braucht es eine Erinnerungskultur, die verschiedene Erinnerungen, Bewertungen und den Streit um den politischen Rahmen immer wieder neu initiiert, zulässt und aushält.
Hier scheint einer der wirkungsmächtigsten Unterschiede zwischen der Erinnerungspolitik der alten Bundesrepublik und der DDR zu

liegen. Je machtvoller ein Staat die politische Kultur, die Medien, die Künstler und damit in gewisser Weise auch die Bürger kontrollieren und beeinflussen kann, desto stärker bestimmt er auch den kulturellen Rahmen, in dem öffentlich erinnert wird. Was geschieht in einem solchen Fall mit der individuellen Erinnerung, die in diesen Rahmen nicht passt? Und gibt es nicht immer Erinnerungen, die entweder den einen oder den anderen Rahmen sprengen? Ganz allgemein gefragt: Wie wirkt die Erinnerungskultur auf das Gedächtnis des Einzelnen und den Fluss des Erzählens zwischen den Generationen? Aleida Assmann sieht das kulturelle bzw. kollektive Gedächtnis als einen Mechanismus auf gesellschaftlicher Ebene, der sich auf die Vergangenheit bezieht und für Identität sorgt: „Menschen leben, so diese Prämisse, nicht nur als Individuen zusammen, die sie selbstverständlich immer bleiben, sondern sie leben auch in Gesellschaften, Gruppen und Kulturen, denen sie sich zugehörig fühlen und mit deren Hilfe sie sich selbst verstehen und definieren. Solche Identitäten kommen nicht ohne Rückbezüge auf die eigene Vergangenheit aus, sei es, um sich an Vorbildern zu orientieren, sei es, um sich Rechenschaft abzulegen.“[10] Man mag darüber streiten, ob es sinnvoll ist, davon zu sprechen, dass Kollektive ein Gedächtnis haben können. Unstrittig ist, dass es Institutionen und Menschen gibt, die das öffentliche Gedenken prägen und die Geschichte in einen Sinnzusammenhang stellen. Das ist auch anhand der öffentlichen Erinnerung an Flucht und Vertreibung in den beiden deutschen Staaten nach 1945 und im wiedervereinigten Deutschland seit 1990 zu beobachten. Erinnerungskultur spiegelt ein bestimmtes Verhältnis zur Vergangenheit. Und weil sie kein von Macht freier Raum ist, lässt sie sich für politische Zwecke instrumentalisieren.

In seiner Abhandlung „Vom Nutzen und Nachteil der Historie für das Leben“ lässt Friedrich Nietzsche keinen Zweifel daran, dass die menschliche Hinwendung zur Vergangenheit dort ihre Grenze haben sollte, wo sie dem Leben nicht mehr dient: „… erst durch die Kraft, das Vergangene zum Leben zu gebrauchen und aus dem Geschehen wieder Geschichte zu machen, wird der Mensch zum Menschen: aber in dem Übermaße von Historie hört der Mensch wieder auf, und ohne jene Hülle des Unhistorischen würde er nie angefangen haben und anzufangen wagen."[11] Für Nietzsche gibt es drei Formen, sich auf die Vergangenheit zu beziehen: die ***monumentale***, die ***antiquarische*** und die ***kritische Historie***. Jede dieser Formen kann dem Lebendigen dienen, es aber auch gefährden:

Die ***Tätigen und Strebenden*** wenden sich der ***monumentalen Historie*** zu. Sie suchen in der Geschichte Vorbilder, Lehrer und Tröster, die sie anspornen und stärken. Dabei ist die Gefahr, dass das Nachahmungswürdige verklärt wird, nicht zu unterschätzen. Dieselbe ***monumentale Historie***, die den Mutigen zur Verwegenheit reizt, reizt möglicherweise den Begeisterten zum Fanatismus.

Eine zweite Art, die Geschichte zu betrachten ist die der ***Bewahrenden und Verehrenden***. Sie beziehen sich auf eine ***antiquarische Historie***, auf ihre Herkunft und ihr Gewordensein. Die Geschichten, die sie an ihre „Heimat und Heimatsitte"[12] binden, das von alters her Bestehende ist für sie das Wesentliche. Ein solcher Bezug auf die Vergangenheit dient dem Lebendigen, indem er Halt gibt und ein beruhigendes Gefühl des Verwurzeltseins. Aber das Neue und Werdende, das allem Lebendigen ebenso eigen ist, wird allzu schnell als Bedrohung der Traditionen gesehen und abgelehnt. „Der antiquarische Sinn eines Menschen, einer Stadtgemeinde, eines ganzen Volkes hat immer ein höchst beschränktes Gesichtsfeld; das Allermeiste nimmt er gar nicht wahr, und das Wenige, was er sieht, sieht er viel zu nahe und isoliert."[13]

Die ***kritische Historie*** hingegen ist die Betrachtungsweise des ***Leidenden und der Befreiung Bedürftigen***.„Er muss die Kraft haben und von Zeit zu Zeit anwenden, eine Vergangenheit zu zerbrechen und aufzulösen, um leben zu können."[14] Über alle Traditionen hinwegzugehen, die Wurzeln zu kappen, das Zurückliegende zu verurteilen – ein solcher Akt mag zuweilen nötig und befreiend sein. Am Ende bleibt er ein zwiespältiger Vorgang. Wer seine Herkunft verleugnet, verleugnet auch einen Teil seiner selbst. „Es ist immer ein gefährlicher, nämlich für das Leben selbst gefährlicher Prozess: und Menschen oder Zeiten, die auf diese Weise dem Leben dienen, dass sie eine Vergangenheit richten und vernichten, sind immer gefährliche und gefährdete Menschen und Zeiten."[15]

In Deutschland gab es nach dem Zweiten Weltkrieg viele Flüchtlinge und Vertriebene, die ihre Identität vor allem von ihrer Herkunft her definierten. Aber auch viele Einheimische wollten das ihnen Vertraute nicht aufgeben und unterschieden sich insofern kaum von den Neuankömmlingen. Letztlich zwang ihre Notlage die Flüchtlinge dazu, über ihren Schatten zu springen, und sich allmählich an die ihnen fremden Gewohnheiten anzupassen.

All jene, die auf Seiten der Flüchtlinge eher zu den ***Bewahrenden und Verehrenden*** gehörten, fanden – zumindest in der Bundesrepublik – in den Vertriebenenverbänden eine starke Interessenvertretung. Deren Politik zielte auf die Bewahrung einer Identität, die von einem Bezug auf die alte Heimat gespeist wurde und mit der Forderung verbunden war, dorthin zurückkehren zu können. Die Regierung unter Adenauer unterstützte dieses Identitätsverständnis, was sich mit Nietzsche als ***antiquarischer*** Umgang mit der Vergangenheit bezeichnen lässt.

In der DDR hingegen setzte die SED als alleinherrschende Partei auf einen gemeinsamen Neuanfang von Alteingesessenen und Flüchtlingen unter sozialistischen Vorzeichen. An die Stelle der alten Heimat sollten möglichst schnell die neue Heimat und Gesellschaftsordnung treten. In einer solch radikalen Abgrenzung von der Vergangenheit zeigt sich nach Nietzsche eine Erinnerungspolitik im Sinne der ***kritischen*** Historie.

Damit wäre von einem vordergründig sehr verschiedenen Bezug auf die Vergangenheit in beiden deutschen Staaten auszugehen. Es stellt sich die Frage, inwieweit und auf welche Weise die Erinnerungen des Einzelnen davon berührt sind. Immerhin liegen ihnen zunächst einmal dieselben Erfahrungen zugrunde. Was wird aus ihnen, wenn sie unter verschiedenen Bedingungen verarbeitet werden? Und welche Rolle spielen parallel dazu die individuellen Erfahrungen: gut aufgenommen worden zu sein, gut angekommen zu sein – oder eben nicht?

Erinnern und Vergessen

Das individuelle Erinnern ist – im Gegensatz zum kollektiven Gedächtnis – an konkrete Erfahrungen und deren Weitergabe gebunden. Damit umfasst es einen eng umgrenzten Zeitraum von drei bis vier Generationen, etwa 80 Jahre. Aber wie funktioniert das Gedächtnis, dieses Netz aus Nervenzellen, dem sowohl Erinnern als auch Vergessen innewohnt und das sich aus verschiedenen Erfahrungen unsere Lebensgeschichte zusammensetzt?

Bevor die gegenwärtige Gedächtnisforschung zu Wort kommt, zunächst noch ein kurzer Ausflug in die Antike: Die alten Griechen hatten eine Göttin, die über die individuellen Erinnerungen wie auch das universelle Gedächtnis der Menschen wachte: Mnemosyne (mnēmē, „Gedächtnis"). Sie war die Mutter der Musen. Während Mnemosyne die vollkommene Erinnerung schenkte, erbat man von den Musen, die Leiden mögen vergessen und die Sorgen beendet sein. Homer und andere Dichter riefen sie allerdings auch an, um sich an etwas erinnern zu können, das ihnen nur vom Hörensagen her bekannt war oder vom Alltäglichen überlagert wurde. Sie erhofften von den Musen, sie könnten die Sorge vergessen machen, die den Blick auf das Wesentliche verstellt.

Mnemosyne war nicht nur die Göttin des Gedächtnisses, sondern auch ein Fluss der Unterwelt, der Allwissenheit schenkte. Wer aus ihm trank, erinnerte sich an alles. Daneben gab es den Fluss Lethe. Aus ihm tranken die Verstorbenen, um vor dem Eingang ins Totenreich ihre Erinnerungen zu verlieren. Lethe lässt sich mit Vergessen, auch im Sinne von Verborgenheit, Verborgensein übersetzen. Von derselben Wurzel leitet sich das griechische Wort für Wahrheit (alétheia) ab. Die Wahrheit ist also das Unverborgene, die Verneinung des Verschweigens. Über das Verhältnis von Wahrheit und Vergessen ließe sich streiten. Schließlich hat jemand auf das, was er vergessen hat, keinen Zugriff. Traumatisierte Menschen beispielsweise können sich an das auslösende Ereignis häufig nicht direkt erinnern. Das Vergessen schützt sie vor einer Berührung mit dieser Wunde. Sie haben keinen Zugang zur vermeintlichen Wahrheit. Was hier aufscheint, ist die schon bei Nietzsche thematisierte Balance zwischen Erinnern und Vergessen. Beides hat seine Zeit und seinen Sinn, beides kann lebensnotwendig sein, aber auch vom Lebendigen fernhalten.

Wer seinen Erinnerungen bisher umstandslos geglaubt hat, wird angesichts der heute zugänglichen Forschungsergebnisse enttäuscht sein. Die Vorstellungen über das Gedächtnis veränderten sich im Laufe der Jahrhunderte und orientierten sich zumeist am Stand der zeitgenössischen Speichertechnik. Etwa 400 vor Christus beschrieb Platon das Gedächtnis als eine Wachstafel, in die unsere Erfahrungen eingeschrieben sind. Mit der Erfindung des Buchdrucks wurde das Gedächtnis mit einem Buch oder einer Bibliothek verglichen, später dann mit einem Fotoapparat, Tonband oder Computer. Doch weit gefehlt. Das Gedächtnis ist nicht so eindeutig und genau wie all diese Speichermedien. Die heutige Forschung deutet eher auf eine Lesart hin, die es in der Renaissance schon einmal gab: das Gedächtnis als Theater, das die Realität filtert, als Ausschnitt auf die Bühne bringt und gleichzeitig noch interpretiert.

Erinnerungsspuren sind Muster neuronaler Verbindungen und über verschiedene Bereiche des Gehirns verteilt. Wenn wir uns erinnern, werden diese Muster assoziativ aktiviert und vervollständigt. Ohne hier im Einzelnen auf neurowissenschaftliche Befunde einzugehen, lässt sich festhalten, dass die Präzision der Erinnerungsarbeit aus vielerlei Gründen begrenzt ist. Je seltener Erinnerungen abgerufen werden, desto schneller verblassen oder verschwinden sie. Was biographisch bedeutsam ist, wird aufbewahrt, vertieft und gegebenenfalls neu bewertet. Erinnern und Vergessen gehören untrennbar zusammen.

Damit ein Erlebnis im Bewusstsein Gestalt annimmt, braucht es ein sozial geteiltes System von Regeln und Rahmen, das die jeweilige Sprache bereitstellt. Dieses System geht der Erinnerung voraus, ermöglicht und strukturiert sie, wird im Allgemeinen jedoch nicht bewusst wahrgenommen. Ebenso verfügen wir über eine Reihe von Erinnerungen, die uns automatisierte Handlungsabläufe ermöglichen, ohne dass wir sie reflektieren. Oder wir halten etwas für einen

eigenen Einfall, obwohl wir etwas reproduzieren, was wir schon mal gehört oder gesehen haben. Hier wirkt ein implizites Gedächtnis, das unserer bewussten Erinnerung nicht zugänglich ist.
Auch jede Erinnerungskultur hat einen Einfluss auf das implizite Gedächtnis, der in seiner Wirkung jedoch nur schwer nachzuvollziehen ist. Der Sozialpsychologe Harald Welzer verweist darauf, dass zum Beispiel Stereotype und Vorurteile implizit erinnert und durch eine soziale Praxis weitergegeben werden: „Implizite Erinnerung hat viel mehr mit routinisierten und habitualisierten Handlungs- und Verhaltensweisen zu tun, und gerade die sind es ja, die von frühkindlichen Entwicklungsphasen an prägend für die Weltwahrnehmung sind. (…) Sie ist das Produkt einer Praxis, die unterhalb der Bewusstseinsschwelle verläuft."[16] Insofern sind Teile unserer Persönlichkeit immer auch an implizite Erinnerungen gebunden. In den lebensgeschichtlichen Erzählungen finden sie sich nur indirekt wieder, eher zwischen den Zeilen. Sie färben die Sprache, geben dem Erzählten einen gewissen Grundton. Der bewusste Zugang zu ihnen ist uns gewöhnlich versperrt oder wird uns nur unter großer Anstrengung gewährt.
Demnach wäre auch im kollektiven Gedächtnis nach Spuren impliziter Erinnerungen zu suchen. Wenn sie den Einzelnen beeinflussen, kann sein Handeln im öffentlichen Raum nicht frei davon sein. Besonders wirkungsmächtig sind Stereotype und Vorurteile, die zur sozialen Praxis einer ganzen Generation gehörten. Die Rede von jüdischen und slawischen Untermenschen war eben nicht nur Teil der alltäglichen Propaganda im Nationalsozialismus, sondern hat auch die alltäglichen Umgangsformen bestimmt. Erwiesenermaßen ist das Lernen durch Beobachtung besonders effektiv, wenn die beobachtete Person für ihr Verhalten belohnt wird.[17] Mit anderen Worten: Wer als Kind erlebt und beobachtet, dass abwertendes Verhalten gegenüber bestimmten Personen honoriert wird, speichert es in seinem impliziten Gedächtnis als sozial erwünschtes Verhalten ab. Wenn nicht nur Einzelne durch solche Erfahrungen geprägt werden, ist davon auszugehen, dass sie sich auch im kollektiven Gedächtnis niederschlagen. Um solche unbewussten Prägungen aufzustö-

bern und sichtbar zu machen, müssen sie reflektiert werden. Dazu braucht es ein Gegenüber, das sehen und aussprechen kann, was unsere bewusste Wahrnehmung unterläuft.
Es gibt eine Reihe von Experimenten, die unter Beweis stellen, wie stark Gefühle am Prozess des Erinnerns beteiligt sind. Was uns an einem Erlebnis interessiert, speichern wir ab. Und je stärker wir emotional an einem Erlebnis beteiligt sind, desto dauerhafter ist diese Speicherung. „Emotionen sind die zentralen Operatoren, mit deren Hilfe wir Erfahrungen als gut, schlecht, neutral usw. bewerten und entsprechend in unserem Gedächtnis abspeichern. Autobiographische Gedächtnisinhalte können nur selbstbezogene Inhalte sein, und diese sind ohne ein emotionales Register nicht denkbar."[18] In schwierigen Situationen führt beispielsweise Angst dazu, dass sich unsere Aufmerksamkeit auf den deutlichsten Punkt der Gefahr verengt und nur noch einzelne Merkmale der Situation wahrgenommen werden. Das Abrufen von Erinnerungen ist scheinbar am ergiebigsten, wenn die sozialen und emotionalen Umstände denen des Einspeicherns ähnlich sind. Flüchtlinge und Vertriebene haben weitaus reichhaltigere Erinnerungen, wenn sie sich miteinander auf einem Heimattreffen austauschen, als wenn sie im Rahmen von Forschungsprojekten befragt werden.[19] Es spielt also durchaus eine Rolle, ob die Erzählenden und die Zuhörenden über dieselben Erfahrungen verfügen bzw. mit welcher Erwartungshaltung sie einander begegnen.

Die Gesetze der Erzählbarkeit

Der englische Psychologe Frederic Charles Bartlett hat in den 1920er Jahren verschiedene Menschen nach ihren Erlebnissen aus dem Ersten Weltkrieg befragt und festgestellt, dass sie nicht einfach die nachprüfbaren Fakten erinnerten. Sie stellten sie von ihrem jeweiligen Standpunkt aus dar, korrigierten und bewerteten sie. Sofern der Standpunkt sich seit den Ereignissen geändert hatte, führte dies zu einer veränderten Erzählung. Unabhängig davon zeigten die Erzählungen jedoch einen recht einheitlichen Aufbau. Daraus leitete er ab, dass wir spezifische Erinnerungen zu größeren Mustern zusammenfügen. So gilt für das autobiographische Erzählen, was für jedes Geschichtenerzählen gilt: Wichtiger als die konkreten Inhalte sind die Gesetze der Erzählbarkeit. Eine Geschichte muss anschlussfähig sein und sinnvoll erscheinen. Darum folgt sie – ähnlich wie der Satzbau – unbewussten Regeln. Wir wissen, ohne darüber nachzudenken, welche Elemente wir in welcher Reihenfolge anordnen müssen, um eine Geschichte verständlich zu erzählen. Wir unterstellen dem Zuhörenden bestimmte Erwartungen und richten uns danach.[20] Um weitererzählt und erinnert zu werden, müssen Geschichten drei Kriterien erfüllen: Sie müssen offen genug sein, dass der Zuhörer sie ergänzen kann. Er muss sie mit eigenen Erfahrungen in Verbindung bringen können. Und die Situation, in der sie erzählt wird, muss einen gewissen Erlebnischarakter haben, emotional von Bedeutung sein.[21]

Die soziale Gruppe, innerhalb derer wir uns erzählend erinnern, uns unserer Geschichte und Identität vergewissern, ist wesentlich beteiligt an der Konstruktion unserer Erinnerungen. So können unterschiedliche Versionen ein und desselben Ereignisses entstehen, je nachdem wer sich erinnert, woran, warum und vor wem. Ohne dass ein Erlebnis reflektiert wird, kann es nicht zur Erfahrung werden. Es braucht eine Form, einen Spiegel, in dem es erkannt werden kann. Das geschieht am häufigsten durch soziale Interaktion. Werden sie nur intensiv und oft genug wiederholt, können die Erinnerungen Anderer nach und nach zu den eigenen werden. Gerade Kinder sind anfällig dafür, bestimmte Umstände zu verwechseln, die Quellen ihrer Erinnerungen nicht mehr genau bestimmen zu können oder sogar Ereignisse zu erinnern, die gar nicht stattgefunden haben. Im Allgemeinen ist das Gedächtnis darum bemüht, entstandene Erinnerungslücken aufzufüllen. Das Material dafür schöpft es jedoch kaum aus den Bereichen der Wissensvermittlung. Es sind eher vorherige Erfahrungen oder gehörte, gesehene, gelesene Geschichten, die die Leerstellen auffüllen.[22]

Ähnlich wie das kollektive und das familiäre Gedächtnis sollen Lebensgeschichten Identität stiften. Sie sorgen dafür, dass der

Erzählende sich – mögen all seine Erfahrungen und Lebensabschnitte noch so verschieden gewesen sein – als ein und dieselbe Person wahrnehmen und darstellen kann. Diese Selbst-Darstellung und diesen Selbst-Entwurf bestätigt das Gegenüber durch sein Zuhören.[23] Das ist gerade darum so wichtig, weil dieses Ich keineswegs so autonom und seiner selbst bewusst ist, wie es zu sein meint.
Letztlich ist auch die Behauptung eines Identisch-Sein mit sich und einer bestimmten Gruppe nicht mehr als eine – weit verbreitete – Phantasie von Reinheit und Einheit, wie Nietzsche es formulierte[24]. „Dass meine Identität auch eine andere sein könnte, ist sprachlich ebenso befremdlich wie empirisch wahr. Und dass Identitäten wechseln können, ja dass einer mehrere Identitäten haben kann, ist logisch ebenso unsinnig wie lebenspraktisch notwendig."[25] Diese Mehrdeutigkeit und Wandelbarkeit bleibt immer mitzudenken, wenn von Identität die Rede ist, unabhängig davon, ob sie sich auf eine regionale Herkunft, eine Gemeinschaft oder eine Religion bezieht.
Einen nicht zu unterschätzenden Einfluss auf die individuellen Erinnerungen und deren Erzählbarkeit hat auch die mediale Vermittlung bestimmter geschichtlicher Ereignisse. Wenn über Krieg, Flucht und Vertreibung gesprochen wird, tauchen immer wieder Bilder und Erfahrungen auf, die medialen Vorlagen entnommen wurden. Nicht alles, was uns genau vor Augen steht, haben wir selbst gesehen. So werden des Öfteren prägnante Szenen aus Spielfilmen und der Literatur in das autobiographische Gedächtnis übernommen, ohne dass die Erzählenden sich dessen bewusst sind. Andererseits kommt es teilweise zu empörten Reaktionen, wenn Zeitzeugen mit historischen Fakten – wie in der Wehrmachtsausstellung[26] – konfrontiert werden, weil die hier dargestellten Ereignisse ihren subjektiven Erinnerungen widersprechen. Oder das vermittelte Wissen kollidiert mit dem familiären Gedächtnis und seinen Inhalten.
Was der Einzelne aus der Vergangenheit erinnert – bzw. was eben gerade nicht erinnert werden kann, weil niemand darüber gesprochen hat –, ist vor allem durch eine soziale Gruppe geprägt: die Familie. Sie bildet die erste Erzähl- und Erinnerungsgemeinschaft, die wir erleben. Am Abendbrottisch oder beim Feiern, durch neugieriges

oder kritisches Nachfragen der Jüngeren wie auch durch die Weitergabe familiärer Traditionen entsteht ein Familiengedächtnis. Es enthält das Wissen um die eigenen Wurzeln, eine der unschätzbaren Voraussetzungen, um sich in der Welt gut verorten zu können. Familiengeschichten transportieren häufig mehr als die Vergangenheit einer einzelnen Person. Sie demonstrieren am Einzelbeispiel eine allgemeine Haltung, definieren ein Wir und dessen Wesensart. Maurice Halbwachs ging davon aus, dass jede explizite Erinnerung an ein Ereignis aus der Familienvergangenheit untrennbar mit einem Modell über diese Familie verbunden ist. Es entsteht ein sozialer Rahmen, der zu achten ist und dafür Halt gibt. Harald Welzer hat gemeinsam mit Kollegen Familienangehörige aus drei Generationen nach ihren Erinnerungen und Bildern von der NS-Vergangenheit befragt. Das Resultat spiegelt schon der Buchtitel: „Opa war kein Nazi". Offenbar ist das individuelle Gedächtnis mit den Erfahrungen und dem Bild, das wir von unserer Familie haben, weitaus enger verknüpft als mit anderen sozialen Rahmen. „Neben dem Schulwissen und den Informationen aus den Medien existiert ein Bild von der Vergangenheit, das aus der direkten, persönlichen Kommunikation resultiert, und dieses Bild ist vor dem Hintergrund seiner sozialen Entstehungsgeschichte ein emotionales Bild, nicht Wissen, sondern Gewissheit."[27] Gerade das gleichzeitige Beteiligtsein mehrerer Generationen lässt das Familiengedächtnis zu einem besonders lebendigen Raum werden. In diesem Raum begegnen sich Menschen, die zwar die Gegenwart teilen und in derselben Gesellschaft leben, aber häufig sehr unterschiedliche Erfahrungen haben und dementsprechend verschieden reagieren. Der Einzelne erfährt hier ein doppeltes Eingebundensein in Gegenwart und Vergangenheit, Gesellschaft und Familie: Er gehört sowohl einer Generation mit ihren spezifischen Merkmalen und Erfahrungen an wie auch einem genealogischen System, das seinen eigenen Erfahrungshorizont weit überschreitet.[28] Im besten Falle werden in diesem System Erfahrungen in beide Richtungen ausgetauscht und weitergegeben. Die Jüngeren werden von den Älteren ohnehin geprägt, aber auch sie haben etwas weiterzugeben, weil sie als Heranwachsende der sich ständig verändernden Welt gegenwärtiger sind. Wo es so gut wie kein familiäres Gedächtnis gibt, weil die familiären Verbindungen abgebrochen sind, bleibt zumeist eine Leerstelle zurück. Aber auch ein mit nebulösen Geschichten und Andeutungen gefülltes Familiengedächtnis kann eine schwere Hypothek sein. Bleibt die Vergangenheit der Familie zwielichtig, undurchschaubar oder gänzlich verborgen, bleibt den Nachkommen die Vergangenheit nebulös. Sie stehen – zumindest in dieser Hinsicht – auf unsicherem Boden. Dann bleibt ihnen nur, über das Beschwiegene hinwegzugehen, oder sie beginnen, nach den unbekannten Familiengeschichten zu suchen. Stoßen sie dabei auf streng gehütete Geheimnisse oder lange verdrängte Erinnerungen, müssen sie eine nicht zu unterschätzende Gratwanderung bewältigen: Bleiben sie der Familie gegenüber loyal und akzeptieren die unsichtbare Grenze oder übertreten sie diese? Die Gefahr, dass die Familie es nicht toleriert, wenn das bislang gepflegte Bild, das familiäre Wir, in Frage gestellt wird, ist groß.

Schweigen als Zuflucht

Wer von etwas spricht, muss zwangsläufig von etwas anderem schweigen. Über alles gleichzeitig lässt sich nicht reden. Was für die von Nietzsche formulierten Zugänge zur Vergangenheit gilt, lässt sich auch auf das Erinnern und Vergessen anwenden. Ohne das Eine wie das Andere können wir nicht leben. Gleichwohl gibt es auf beiden Seiten ein mögliches Zuviel. Darüber zu befinden, hilft nur die Frage: Was dient am Ende dem Lebendigen?

Wo vergessen oder geschwiegen wird, ist etwas dem endlosen Fluss des Erzählens und Erinnerns entrissen. Es steht etwas still. Bei Verwundungen ist dieser Mechanismus durchaus hilfreich bis lebensrettend. Damit eine Wunde sich schließen kann, muss die Blutung zum Stillstand kommen. Dafür braucht sie Ruhe, darf nicht ständig von Neuem geöffnet werden. Auch Vergessen oder absichtsvolles Schweigen haben unter Umständen eine beruhigende und heilsame Wirkung. Sie können dafür sorgen, dass das Weiterleben möglich wird. Davon wird in späteren Kapiteln noch ausführlicher die Rede sein. Dennoch bleibt die Gefahr, dass sich anstaut, worüber nicht gesprochen werden kann oder soll, und so die Lebensenergie zum Stocken kommt. Regina Scheer schreibt in ihrem Buch „Machandel" von eben jenen zwei Seiten, die das Schweigen haben kann. Eine junge Frau will alles wissen, was damals – vor und nach 1945 – in dem Dorf geschah, in dem sie jetzt ein Ferienhaus bewohnt. Schließlich antwortet ihr eine alte Frau auf ihre drängenden Fragen: „das Schweigen ist auch wie eine Decke, die sich über den Schmerz legt, man muss es achten."[29] Der Vater hingegen, Kommunist und ehemals Minister in der DDR, erlebt sein Stummsein als Verdammnis. Sein Leben ist geprägt durch die Erfahrungen im kargen Arbeiter-Milieu und später im Konzentrationslager. Er hat vieles gewusst, worüber er dennoch nie gesprochen hat. Alte Schuld, Erinnerungen an Willkür und Gewalt in den eigenen Reihen sollten den Neuanfang nicht gefährden. So hat er gelebt, so hat er seine Kinder erzogen und am Ende alles verloren: Seine Tochter an die Friedensbewegung, seinen Sohn an das westliche Deutschland und seine Frau an den Tod. Über ihre Fluchterfahrungen aus dem Samland am Ende des Krieges hatte seine Frau nie gesprochen, weder mit ihm noch mit ihrer Tochter. Das Schicksal ihres Mannes wog erklärtermaßen schwerer als ihr eigenes. Sie trank immer mehr und zerbrach schließlich daran, dass es für sie keinen Platz gab. Sie konnte nicht vergessen. Aber sie wurde vergessen – von ihrem Mann und der Gesellschaft, in der sie lebte. Da war keiner, der sie gehört oder gesehen hätte. Also zog sie sich allmählich zurück, bis nichts mehr von ihr blieb.

Wo Schweigen keine Zuflucht bietet, sondern den Fluss des Lebens hemmt, wo ein Mensch von seinen Erfahrungen nicht reden kann, bietet die Literatur oft einen rettenden Anker. Ihre tröstende Wirkung entsteht nicht unbedingt aus dem, was erzählt wird. Selbst wenn der Inhalt, das Erlebte noch so tragisch und kaum zu ertragen ist – dass eine Geschichte irgendwo ihren sinnvollen Anfang nimmt und irgendwo ihr sinnvolles Ende findet, gibt ihr eine Form. Und sobald etwas eine Struktur, eine Form bekommt, empfinden wir es als sinnvoll.[30] Auch darum ist Literatur, die keiner Zensur und keinem politischen Auftrag unterliegt, so unverzichtbar. Manchmal kann nur noch in erfundenen Geschichten über das gesprochen werden, was unsagbar geworden ist – ganz gleich, ob unerträgliches Leid, Schuld oder Scham uns die Sprache verschlagen haben.

Ein ähnliches Phänomen zeigt sich in zahllosen Lebensgeschichten, in denen von Krieg, Flucht und Vertreibung erzählt wird. Um den demütigenden Erfahrungen in der Erinnerung zu entkommen, werden sie zu Heldengeschichten, Reisegeschichten, Rettungsgeschichten umgedichtet. Was sich nach Übertreibung oder Phantasterei anhören mag, hat letztlich vor allem die heilsame Funktion, die eigene Lebensgeschichte so erzählen zu können, dass man gut dabei weg kommt.

Häufig entsteht nach traumatischen Erfahrungen auch Sprachlosigkeit. Das Erzählen ist dann blockiert, weil ein traumatisches Ereignis typischerweise durchlebt, aber nicht als Teil des Selbst erfahren wird. Darum kann es in keinen zeitlichen, räumlichen und kausalen Zusammenhang eingeordnet werden. Dementsprechend zersplittert, zerrissen und fragmentiert sind die Erinnerungen daran. Es sind Bruchstücke vorhanden, die kein Gesamtbild ergeben und darum nicht als nachvollziehbare Geschichte mit einem sinnvollen Anfang und Ende erzählt werden können. Inzwischen gibt es verschiedene therapeutische Verfahren, die darauf zielen, eben diesen Kontext wieder herzustellen. Das Entscheidende ist hier, dass es einen Zeugen gibt, einen aufmerksamen und einfühlsamen Zuhörer, der das Geschilderte nach und nach in eine klassische Erzählstruktur lenkt und damit dem Betroffenen die Fähigkeit zurückgibt, sich und anderen seine Geschichte zu erzählen.[31]

Wo das Sprechen gelingt, ist die Gefahr, dass auch die Nachkommen mit den Auswirkungen unverarbeiteter Traumata konfrontiert werden, eher klein. Doch bis in die 1990er Jahre sprach kaum jemand von Traumaforschung und erst recht nicht von Traumatherapie. Betroffene mussten für sich selbst einen Weg finden, mit solchen, die Mitteilbarkeit überschreitenden Erlebnissen zu leben. Viele fanden keine Worte dafür, keinen Platz im eigenen Seelenhaushalt und keinen, der sich damit beschäftigen wollte. Wo Menschen überfordert

sind, machen sie gewöhnlich von ihrer Fähigkeit zu vergessen und zu verdrängen Gebrauch, ohne die ohnehin kein Alltag vorstellbar wäre. Es ist ihnen in einem solchen Moment weder bewusst noch von Belang, dass das Verdrängte oft irgendwann auf körperlicher oder seelischer Ebene seine Ausdrucksformen sucht. Erst einmal hilft das Vergessen, weiterhin zu funktionieren, das Nötige zu tun. Doch unterschwellig bestimmt es die Kommunikation in der Familie ebenso wie in der Gesellschaft. Es ist eine Art Erbschaft, die die Nachkommen nicht ausschlagen können, weil sie von ihr nichts wissen. Das Verschwiegene und Verdrängte hat keinen Namen, keine Form. Manche ***Kriegsenkel*** bezeichnen sich selbst als ***Nebelkinder*** – so auch der Titel eines Buches. Er spielt darauf an, „dass vielen Kriegsenkeln lange, manchen auch viel zu lange wichtige Prägekräfte ihrer Biografie nicht zugänglich waren. Sie lagen wie in einer Nebelwand vor ihnen verborgen. Zu wenig wurde in den Familien über Schuld und Trauma eines Krieges gesprochen, der, wie wir heute wissen, immer noch das Leben zahlreicher Menschen belastet, auch wenn sie Jahre oder Jahrzehnte später geboren wurden."[32]
Es gibt inzwischen mediale Diskurse, Bücher und Tagungen, die die langen Schatten des Krieges und die familiären Verstrickungen thematisieren. Diejenigen, die sich zu Wort melden, sind in ihrer absoluten Mehrzahl in der alten Bundesrepublik aufgewachsen. Dort war das kollektive Gedächtnis in Bezug auf Nationalsozialismus, Flucht und Vertreibung in vielerlei Hinsicht anders geformt als in der DDR. Was hat das für die individuellen Erinnerungen und das Familiengedächtnis in Ost und West bedeutet? Was wirkt davon bis heute fort? Eins wurde bislang zumindest deutlich: Geschichten und Bilder, die Erzählungen Anderer, die emotionale Stimmung in einer Situation, das in der Schule vermittelte Wissen, die Gedenkkultur – all das hat Einfluss auf unsere Erinnerungen. Unser Selbst wird also weitaus stärker als gemeinhin angenommen in geschichtlicher und sozialer Bezogenheit herausgebildet. Und dennoch bleiben wir einzigartig. Weil jeder einzelne Mensch nicht nur das ist, was ihn prägt, sondern immer auch das ist, was er daraus macht: sein Leben, seine Geschichte.

Integration und Erinnern

Manche Dokumente aus den Jahren nach 1945 lesen sich wie Zeitungsberichte aus dem Herbst 2015. Von chaotischen Zuständen ist da die Rede, von unkontrollierter Verteilung und notdürftiger Versorgung. Die Flüchtlinge und Vertriebenen wurden in Turnhallen, öffentlichen Gebäuden oder Kasernen untergebracht oder aber entlang der Bahnlinie überforderten Bürgermeistern übergeben. Die Militärbehörden hatten Erstaufnahmelager eingerichtet, um jeden zu registrieren und die Gefahr von Seuchen möglichst gering zu halten. Der Großteil der Einheimischen fühlte sich bedrängt von all dem unübersehbaren Elend. Die Sehnsucht nach den vergangenen Zeiten, in denen alles seine vertraute Ordnung hatte, war groß.

Vom Ankommen in der Fremde

Die Flüchtlinge bekamen oft zu hören, sie seien gar keine echten Deutschen, allenfalls ***Beutedeutsche*** oder eben doch ***Polacken***. Es waren die alten ethnischen und gelegentlich rassistischen Klischees, die hier benutzt wurden. Zur alten Ordnung, die im Nationalsozialismus noch verschärft worden war, gehörte ein Denken, das Menschen ein- und aussortierte. Nicht selten zitierten nach Kriegsende nun die Alteingesessenen die völkischen Reinheitsgebote, um angesichts der Flüchtlinge gegen ***Vermischung*** und ***Überfremdung*** zu Felde zu ziehen. Das war durchaus keine neue Sichtweise und hatte mit der angespannten Lage wenig zu tun. Schon jene Deutschen, die Jahre zuvor im Gefolge des Hitler-Stalin-Paktes umgesiedelt wurden, galten vielen als ***lästige Ausländer***.[33]

Nicht, dass den Flüchtlingen ein ethnisches oder völkisches Denken völlig fremd gewesen wäre, schließlich waren sie von derselben Ideologie geprägt wie ihre westlichen Landsleute. Die Abwehr gegen ***Mischehen*** mit Einheimischen kam auch aus ihren Reihen. Es war nicht nur der sogenannte Volksmund, der so dachte und sprach. Bis in die Wissenschaften hinein war die Auffassung verbreitet, dass die östlichen Gebiete des deutschen Reiches kulturell weitaus rückständiger seien als die mittleren und westlichen Regionen. Das Interesse an diesen Landstrichen war dementsprechend gering, über die Kultur der Neuankömmlinge war wenig bekannt und Hochmut schnell bei der Hand.[34] In der Nachkriegszeit sahen die Einheimischen in den Flüchtlingen und Vertriebenen im besten Falle ***heimatlose Gesellen,*** die man unterstützen musste. Im schlimmsten Fall galten sie als ***asoziales Pack,*** eine Plage, die es schnell loszuwerden galt. Diese Erfahrung machten alle Neuankömmlinge, egal in welcher Besatzungszone sie strandeten. Und dennoch gab es auch in dieser Situation feine, soziale Unterschiede, die von großer Bedeutung sein konnten:

> *„Durch meinen Vater waren wir sofort eine privilegierte Flüchtlingsfamilie. Mein Vater war in Amt und Würden und Amtspersonen waren damals bevorzugt. Wir haben zwar bemerkt, dass wir Flüchtlinge sind, weil wir unter den Kindern nicht so angenommen wurden, das schon. Aber die anderen hatten es nochmal schwerer, weil die Eltern nicht angenommen wurden und die Flüchtlingskinder dann erst recht nicht. Von meinem Vater wollte die zivile Gesellschaft etwas, ob das Brennholz war oder ... ein Leseschein zum Beerensammeln und den bekam man nur vom Förster." (Jg. 38/SH/m)[35]*

> *„Als wir 1947 hierher kamen, war es schon ein bisschen anders. Aber so Heirat zwischen Flüchtlingen und Einheimischen, das war schwierig, zuerst fast gar nicht möglich. Die Eltern waren ja arm. Ja, eigentlich war das als würden wir Syrer oder Iraker sein als wir hierher kamen. Die haben sich ja zum Teil gewundert, dass wir Deutsch gesprochen haben." (Jg. 31/SH/m)[36]*

Bei genauem Hinhören ergeben die Erinnerungen der interviewten Zeitzeugen ein vielschichtiges Bild, wie sie im Einzelnen aufgenommen wurden. Oft gibt es parallele Geschichten von Unterstützung und Ausgegrenztwerden, von persönlichem Glück in allem Unglück, von erfahrener Gemeinschaft, von einem mehr als kräftezehrenden Alltag, von Selbstbehauptung und Stolz. Im öffentlichen Diskurs hingegen dominieren heute eher die Geschichten von Diskriminierung und Ausgrenzung, die den Flüchtlingen und Vertriebenen das Ankommen damals schwer gemacht haben. Diese sind keineswegs in Abrede zu stellen. Aber sie sind zu ergänzen um die widersprüchlichen oder gegenteiligen Erfahrungen.

> *„Ich wohnte ja gleich mit meinen Schwiegereltern zusammen. Meine Schwiegermutter war eine ganz Liebe, eine Bilderbuchoma, die war aber viel krank und die hatten den großen Garten. Und mein Schwiegervater hatte als Bürgermeister mit den Flüchtlingen zu tun. Der war kaum mal Zuhause und meine Schwiegermutter konnte nicht. Zu essen gab es nicht oder kaum und den Garten hab ich gemacht, drei Kinder und den Garten.“ (Jg.25/SH/w)*[37]

> *„Dann habe ich meine Eltern gefunden. Als Weihnachten war, wir waren so arm, aber wir hatten eine warme Stube, einer hatte uns sogar noch einen Zentner Weizen - das war ein Landarbeiter, ein mecklenburger Mann – abends durch das Fenster geschmissen. Ich hab gesagt, mag es sein, wie es will, der Krieg ist zu Ende. (...) Das sage ich heute immer wieder, das war ein glückliches Weihnachten. Und kurz nach Weihnachten bekam ich Post von meinem Verlobten ... und der kam dann auch zu uns.“ (Jg.23/MV/w)*[38]

> *„W: Wir waren Jungs, wir haben uns den Tag nicht langgemacht. (...) Wir sind mitunter auch zum Kühehüten gegangen, aber das war nicht so, dass man satt werden konnte. Also wir haben auch tagelang nicht nur Kohldampf geschoben, sondern auch nichts gegessen. (...) Die Bauern haben nichts mitgegeben. (...) S: Das Gute kann man ja auch noch mal erzählen. (...) Der Fischer, der musste seine Heringe abliefern an die Russen. Die standen da mit den Kalaschnikows und den Lastwagen. Zwei Boote gab es*

da, zwei große wunderschöne Boote. Aber die Jungs, die durften ran. Die Russen sind ja kinderlieb. Die haben die Kinder rangelassen. Die durften dann die Boote saubermachen und den Laderaum, durften dann paar Heringe mitnehmen. W: So einfach war das nicht. Wir haben uns die Hosen unten zugebunden und sind dann an den Kisten vorbeigegangen und haben uns die Heringe in den Schlitz gesteckt. (...) Meine Mutter hat das eingesalzen, ... also es muss sehr viel gewesen sein, denn wir haben uns nachher noch mit diesen Fischen über die grüne Grenze getauscht." (W:Jg.34;S:Jg.31/SH/m)[39]

Verschiedene Details der Erzählungen zeigen, dass es immer auch darum geht – und sei es im Nachhinein – die eigene Haut, das Selbstwertgefühl zu retten. Niemand will gerne nur Opfer gewesen sein. Indem das Ankommen als etwas Aktives beschrieben wird, verdankt sich das Leben nicht allein dem Schicksal, sondern auch der eigenen Initiative. Das ändert nichts an der existentiell bedrohlichen Lage, in der Menschen sich befinden, die völlig entwurzelt sind, abgeschnitten von jeglichem Kraftquell außerhalb der eigenen Reserven. Wo auch immer die Flüchtlinge und Vertriebenen ankamen, standen sie plötzlich besitzlos in der Fremde. Jeglicher äußere Halt war ihnen abhanden gekommen. Nicht selten brachte die Not sie in Situationen, in denen der nackte Überlebenswillen größer war als die Scham. Dies spürten sie häufig erst im Nachhinein.

„S: Das Schlimme war nicht nur, dass wir unsere Heimat verloren haben und unsere Kindheit verloren haben, wir haben sozusagen die Wurzeln verloren. Wir hatten nichts, keine Freunde, keine Schule, nichts, keine Basis. Hiesige gingen damals zum Onkel aufs Land oder hatten irgendwas Anderes. Wir hatten gar nichts. (...) W: Mein Bruder Hans-Jürgen hatte einen Freund, vom Gastwirt, mit dem hat er eigentlich zu der Zeit ganz gut zusammengepasst, aber hinterher wollte er nicht mehr mit ihm sprechen. S: Als Gastwirtssohn hatte er mehr als wir und er hat ihm immer alles vorgegessen und ihm nichts abgegeben. W: Er

hat dann die Reste von den Gästen gegessen, hat er mal erzählt, und das hat ihn, naja, wenn es dann langsam besser wird, dann denkt man da anders drüber. Wenn man Hunger hat, dann denkt man nicht darüber nach." (Jg. 31+34/SH/m)[40]

Die aus dem Neuen Testament stammende Redewendung ***Geben ist seliger denn Nehmen*** verweist auf die seelisch und körperlich stabilisierende Wirkung des Gebenkönnens. Die Flüchtlinge waren zum Nehmen verdammt und viele von ihnen wollten später nie wieder auf Andere angewiesen sein. Zu abhängig hatten sie sich gefühlt, zu sehr geschämt ob der eigenen Notlage. Sie waren im wahrsten Sinne des Wortes nicht mehr Herr im eigenen Haus. Sie waren die ***Habenichtse und Hungerleider***, angewiesen auf die Mildtätigkeit der sie umgebenden Menschen und die staatliche Fürsorge. Wurden sie noch dazu herablassend behandelt oder gar schikaniert, war es für sie umso schwerer, eine neue Heimat für möglich zu halten. Viele fühlten sich lange als Menschen zweiter Klasse, weil sie nicht nur als anders, sondern als minderwertig angesehen wurden. Noch dazu hatten sie schlechtere Startbedingungen und stießen auf Ablehnung statt auf Verständnis für ihre besondere Situation. Wie tief diese Erfahrung sitzt, wird offenkundig, wenn Zeitzeugen noch nach 70 Jahren höchst emotional von Kränkungen, Neid und Missgunst berichten. Da gibt es auf den ersten Blick keinen Unterschied, ob die Menschen ihr weiteres Leben in Ost- oder Westdeutschland verbracht haben.

„Da meine Mutter eine Bauerntochter war ... hat sie bei dem Bauern gearbeitet. Der Bauer hat in S. gespielt, der war wahrscheinlich schon vor dem Krieg spielsüchtig. Meine Mutter sagt immer: Dem habe ich das Fell gerettet. Und dadurch hatten wir einen ganz guten Stand bei dieser Familie. Das hat man nicht immer von allen gehört. Viele wurden als Flüchtlinge behandelt bis zum Schluss. In der Schule sah es von den einheimischen Kindern auch so aus. (...) Ich machte mich in der Schule wohl gleich phantastisch und das ging ja nun überhaupt gegen die

Bauerntöchter. Jedenfalls sagte die eine mal: Und du hast keinen Vater. Das war das größte Ärgernis. Und dann hab ich gesagt: Ich hab vielleicht einen besseren als du jetzt hast, bloß der ist nicht da. Und dann hab ich einmal geglaubt, ich hab einen Stock, aber es war eine Eisenstange, und hau zu. Aber es ist nur ein bisschen geplatzt, so abgerutscht. Und da hab ich gesagt: So, und jetzt kannst du zu deinem Vater gehen und petzen. Und der wird, wenn er ein guter Vater ist, mir recht geben und nicht dir." (Jg.39/MV/w)[41]

„Unter den Erwachsenen gab das dann nachher, glaub ich jedenfalls, so ein bisschen Neid auf die Flüchtlinge. Sie haben uns zwar ausgegrenzt, wollten auch nichts mit uns zu tun haben, aber sie waren auch bisschen neidisch. Wir waren ja auch nicht alle Dumme oder alle Arme gewesen. ...Ich weiß noch meine Mutter konnte gut nähen und wir haben alle früher viel gestrickt oder gehäkelt. Wir hatten immer so schicke Kleider an. Die Einheimischen konnten das alles nicht, die konnten noch nicht mal stricken. Dann haben sie uns immer beneidet, dass wir immer so schick angezogen waren." (Jg.38/SH/w)[42]

Es waren nicht nur materielle Not und Hunger, die das Leben der Flüchtlinge erschwerten. Vielen fehlte auch der gewohnte Rückhalt in einer Gemeinschaft. Elisabeth Pfeil verwies bereits 1948 in ihrer Studie „Der Flüchtling. Gestalt einer Zeitenwende" darauf, was der Verlust der gewohnten Umgebung für den Einzelnen bedeutet: „Ohne die hegende Umwelt der Heimatgemeinschaften ist der Mensch auf sich verwiesen. Alle Einschätzungen, sowohl die Selbstachtung wie die Beurteilung der andern und die Bewertung des täglichen Lebens sollen aus ihm selber kommen. Dazu erweist sich ein Teil der Menschen nicht in der Lage, und auch daraus erwächst dem Ostflüchtling, wie jedem Entwurzelten, Lebensunsicherheit."[43] Wer den inneren Halt nie kennengelernt oder ihn auf der Flucht verloren hatte, spürte diese Verunsicherung umso mehr. Sie musste auf die eine oder andere Art kompensiert werden. Anders war das

Überleben nicht zu meistern. Plötzlich brauchte es eine nie eingeübte Mischung aus Anpassung, Funktionieren und Selbstbehauptung. Es gab etliche Erwachsene, vor allem Frauen, die die Flucht überstanden haben, aber über den Verlust des Zugehörigkeitsgefühls und all des Zurückgelassenen nie hinweggekommen sind. Einige von ihnen gingen buchstäblich daran ein, wie eine Pflanze, die mit ihren Wurzeln kein Wasser mehr findet. Viele andere schöpften aus der Verantwortung für ihre Kinder die Kraft, die sie davor bewahrte, gänzlich aufzugeben.

Gerade unter den Flüchtlingen und Vertriebenen blickten vermutlich nur wenige mit Vertrauen und Zuversicht in die Welt. Für sie waren nicht nur eine Gesellschaft und ein Wertesystem zusammengebrochen. Durch den Verlust ihres Eigentums, ihrer beruflichen Existenz und ihrer sozialen Beziehungen fehlte es ihnen an einer Verankerung in der Welt. Ohne einen solchen Bezug sahen viele nur zwei Möglichkeiten: Festhalten am Alten oder Anpassung an die neue Heimat. Oftmals gab die Zugehörigkeit zu der einen oder der anderen Generation den Ausschlag dafür, wofür einer sich entschied. Die Jüngeren, ohne allzu viel Gepäck aus der Vergangenheit, strebten nach vorn, wollten möglichst bald dazugehören. Die Älteren waren verwurzelter, hatten sich bereits ein Leben aufgebaut, das nun wie ein Kartenhaus zusammengebrochen war. Doch sie hatten keine Wahl. Wollten sie weiterleben, mussten sie von vorn beginnen, auch wenn die Kraft kaum reichte.

Nicht nur die Flüchtlinge, auch die Menschen und Institutionen in den Aufnahmeregionen standen vor ungeahnten Herausforderungen. Im Sommer 1945 zogen oder irrten ca. 20 Millionen Menschen durch Deutschland: Zwangsarbeiter, entlassene Kriegsgefangene, Flüchtlinge und Vertriebene – die einen auf dem Weg in ihre alte Heimat, die anderen auf der Suche nach ihrem alten bzw. einem neuen Zuhause. Was manch einem nach der erlebten Gewalt und Not auf der Flucht als heile Welt erschien, war oft alles andere als heil. Öffentliche Gebäude, Fabriken, Wohnhäuser und Transportwege waren zerstört, die Lebensmittelversorgung der Bevölkerung vor Ort nicht mehr gesichert, die industrielle Produktion stark eingeschränkt.

Vor allem in Mecklenburg-Vorpommern, Brandenburg und Sachsen lebten bereits vor Kriegsende zwei Millionen Flüchtlinge. Zum einen schien ihnen von hier eine schnelle Rückkehr in die alte Heimat möglich, zum anderen hatten die westlichen Alliierten bis Oktober 1945 ihre Besatzungszonen für den Zuzug der Flüchtlinge weitgehend gesperrt.[44] Die Belastung der einzelnen Regionen und Besatzungszonen durch die aufzunehmenden Flüchtlinge blieb auch nach dem Ende des Krieges ungleich verteilt: Das Land mit der höchsten Aufnahmequote war Schleswig-Holstein. Dort lebten Ende 1946 eine Million bzw. 67 Prozent mehr Menschen als 1939. Die zweithöchste Aufnahmequote hatte Mecklenburg-Vorpommern zu verkraften. Dort wuchs die Bevölkerung im selben Zeitraum um 52 Prozent.[45]
Anfangs glaubten die Besatzungsmächte, die ländlich geprägten Gebiete seien geeigneter, die Flüchtlinge zu versorgen als die häufig stark zerstörten Städte. Doch das erwies sich bald als Trugschluss. Es gab dort weder genug Wohnraum noch genug Arbeitsplätze, in den Notquartieren brachen Hungersnöte und Seuchen aus, so dass die Flüchtlinge erneut umverteilt werden mussten. Ende 1950 betrug der Anteil der Flüchtlinge und Vertriebenen in Schleswig-Holstein immerhin noch 33 Prozent und in Mecklenburg-Vorpommern etwa 45 Prozent. Die hohe Aufnahmequote ergibt sich vor allem aus der geringen Bevölkerungsdichte der beiden Bundesländer. Die östlichen Bundesländer Sachsen und Sachsen-Anhalt nahmen zahlenmäßig weitaus mehr Menschen auf als Mecklenburg-Vorpommern, hatten aber auch eine größere Bevölkerungsdichte. Von den westlichen Bundesländern zeigte Niedersachsen neben Schleswig-Holstein mit 27% die größte Aufnahmequote, und noch in Bayern lag der Anteil der Flüchtlinge und Vertriebenen an der Gesamtbevölkerung bei 21 Prozent. Insgesamt lebten zum Zeitpunkt der Gründung der beiden deutschen Staaten mindestens vier Millionen Flüchtlinge und Vertriebene in der DDR und acht Millionen in der BRD. Damit lag ihr Gesamtanteil an der Bevölkerung in der DDR bei etwa 24 Prozent und in der BRD bei 16 Prozent.[46]

Neue Heimat-Politik in der DDR

Die Schicksale der von Flucht und Vertreibung betroffenen Menschen wurden nicht zuletzt auch durch die wirtschaftliche und politische Situation in den jeweiligen Besatzungszonen bestimmt. Die größten Unterschiede gab es zweifelsohne zwischen der sowjetischen und den westlichen Zonen. Von den vier Siegermächten hatte die Sowjetunion den direktesten Einfluss auf das Vertriebenenproblem. Einerseits war sie an den spontanen Vertreibungen der Deutschen aus den Ostprovinzen und der Tschechoslowakei unmittelbar beteiligt. Andererseits musste sie sich ihrer Unterbringung und Versorgung in der Sowjetischen Besatzungszone (SBZ) annehmen. Das war eine große Herausforderung, da die Gebiete westlich von Oder und Neiße, wo die Mehrzahl der Flüchtlinge und Vertriebenen zunächst ankam, in den letzten Kriegsmonaten schwer zerstört worden waren. Doch nicht nur die Kriegszerstörungen, Demontagen und im Vergleich zu den westlichen Besatzungszonen wesentlich höheren Reparationsleistungen prägten die besondere Situation in der SBZ. Die sowjetische Besatzungsmacht wie auch später die DDR verfolgten langfristig eine andere Integrationspolitik als die westlichen Besatzungsmächte und später die BRD.
Anfangs war es den Flüchtlingen in allen Besatzungszonen untersagt, sich zu organisieren. Die in Jalta und Potsdam beschlossenen Grenzverschiebungen galten als endgültig. Radikale Forderungen nach Rückgewinnung der verlorenen Heimat sollten vermieden werden. In den Westzonen wurde dieses Verbot nach und nach gelockert. In der SBZ verschärfte sich die Kriminalisierung und Verfolgung von Flüchtlingen und Vertriebenen, die ihre Interessen vertreten oder öffentlich an ihre Heimat erinnern wollten. Die politische Führung wollte mit allen Mitteln verhindern, dass die Oder-Neiße-Grenze in Frage gestellt wird. Für sie war diese Grenze ein Ergebnis des Krieges, und dadurch eine nicht hinterfragbare Voraussetzung des Friedens mit den östlichen Nachbarn. Zudem befürchtete sie, dass jedweder Bezug zur alten Heimat das Ankommen in der neuen Heimat erschweren würde. Um die Belange der

im Ostteil Deutschlands so genannten Umsiedler kümmerte sich in der SBZ die Zentralverwaltung für deutsche Umsiedler (ZVU), die im September 1945 unter Leitung eines KPD-Funktionärs ihre Arbeit aufgenommen hatte. Ein Überblick über die ohnehin spärlich vorhandenen Reserven an Wohnraum, Arbeitsplätzen und Lebensmitteln fehlte. Oftmals bewegten sich die Betroffenen wie auch die zuständigen Behörden in einem Teufelskreislauf: Wo es Arbeit gab, gab es keinen Wohnraum und umgekehrt. Obendrein waren die politischen Kräfte vor allem damit beschäftigt, die gesamte Gesellschaft umzugestalten. Ihr Hauptaugenmerk lag auf der Entnazifizierung, den Enteignungen, der Bodenreform und der Machtübernahme durch die Kommunisten. Die Integration der Geflüchteten und Vertriebenen spielte dabei eine untergeordnete Rolle. Sie wurde in erster Linie als politische Frage behandelt, und damit als ein Teilbereich, der die Gesamtstrategie im Umgang mit der nationalsozialistischen Vergangenheit spiegelte. So sollte statt von Flüchtlingen nur noch von Umsiedlern die Rede sein: „In dem Wort Flüchtling liegt der Begriff Flucht beschlossen und im Begriff Flucht wieder die Annahme von etwas Feindlichem, das zu dieser Flucht Veranlassung gab. Die Streitkräfte der Besatzungsarmeen, und für unseren Sektor die Rote Armee, sind aber nicht als Vertreter böser Mächte, sondern als Befreier des deutschen Volkes von nazistischer Schreckensherrschaft nach Deutschland gekommen.“[47]

Deutlich zeigt sich hier die Grundhaltung der SED, der ab 1946 allein herrschenden Partei: Das deutsche Volk habe durch seine Unterstützung des Nazi-Regimes Schuld auf sich geladen und damit den Anspruch auf die ehemals deutschen Gebiete verspielt. Flucht und Vertreibung seien Teil der deutschen Wiedergutmachung für die durch die Nationalsozialisten – bzw. Faschisten wie es im ostdeutschen Sprachgebrauch hieß – in Osteuropa angerichteten Schäden und verübten Verbrechen. Die Funktionäre ahnten, dass diese Sichtweise bei vielen Betroffenen auf Gegenwehr stoßen würde. Denn die Flüchtlinge und Vertriebenen litten nicht nur unter dem Verlust ihrer Heimat, ihres Besitzes und ihrer sozialen Position, sondern hatten vielfach durch die Rote Armee Übergriffe, Willkür und Gewalt erfahren und sahen die Russen eher als Besatzer denn als Befreier an. Außerdem hatte die jahrelange nationalsozialistische Propaganda über die ***slawischen Untermenschen*** ihre Wirkung nicht verfehlt. Die Angst vor ***den Russen*** saß tief.

Die SED sah nicht nur in einer ablehnenden Haltung gegenüber den osteuropäischen Verbündeten eine Gefahr. Sie fürchtete auch die Apathie, mentale Rückwärtsgewandtheit und mangelnde Bereitschaft der Flüchtlinge, sich am Aufbau der neuen Heimat zu beteiligen. So wurde nicht nur Flüchtling, sondern auch Heimat zu einem offiziell ungeliebten Begriff – vorausgesetzt er bezog sich auf die verlorene alte Heimat. Im Rundfunk durften keine Heimatlieder aus den ehemaligen deutschen Ostprovinzen mehr gespielt werden. Die Gründung von Vertriebenenverbänden war ohnehin verboten und wurde spätestens ab 1948 mit allen Mitteln unterbunden. Doch das Bedürfnis nach Gemeinschaft und der Eigensinn der Flüchtlinge fanden ihre Wege. Vor allem in den ersten Nachkriegsjahren trafen sie sich, unterstützt durch die Kirche oder in privaten Räumen. Sie sangen gemeinsam die alten Lieder, tauschten Erinnerungen aus und stärkten einander. Die Hoffnung auf Rückkehr saß wohl bei vielen mit am Tisch. Entgegen den Interessen der herrschenden Partei drängte es sie, den Verlust der Heimat gemeinsam zu betrauern und eine regional geprägte Identität in der Fremde zu bewahren.

Aus Sicht der SED war mit einem solchen Rückbezug auf die Vergangenheit ein radikaler Neuanfang nicht möglich. Durch die Zentralverwaltung für Umsiedler wurde ab Mai 1947 eine Monatszeitschrift mit dem vielsagenden Namen „Die neue Heimat" herausgegeben. Ihre Botschaft an die Flüchtlinge und Vertriebenen war deutlich: „Wir sind ein Volk, eine Nation, und der Boden, auf dem wir gemeinsam leben, ist unsere Heimat."[48] Der von der Politik ignorierte Unterschied war und blieb jedoch bestehen. Die meisten Flüchtlinge und Vertriebenen lebten über lange Jahre unter eindeutig schlechteren Bedingungen als die Einheimischen.

Bereits Ende 1946 hatten mehr als drei Viertel der arbeitsfähigen Frauen und 92 Prozent der Männer unter ihnen in der sowjetischen Besatzungszone eine Arbeit gefunden. Doch häufig reichte der

Lohn nicht einmal zur Existenzsicherung. Viele arbeiteten in der Landwirtschaft als saisonale Hilfskräfte, zum Teil ohne finanzielle Entlohnung, gegen Naturalien. Auch die Bemühungen um einen Lastenausgleich für die Flüchtlinge scheiterten schon bald am Widerstand der sowjetischen Besatzungsmacht. Das Einzige, was ihnen – allerdings früher als in den westlichen Besatzungszonen – an finanzieller Unterstützung gewährt wurde, waren 300 Reichsmark für jeden erwerbsunfähigen Erwachsenen und 100 Reichsmark für Kinder bis zu 14 Jahren. Ein eher kleiner Teil der Flüchtlinge profitierte von der Bodenreform und hatte die Chance, einen eigenen Hof zu betreiben. Ihre Ausgangsbedingungen als Besitzlose waren schlecht, das Abgabensoll hoch und vielen fehlte zudem die nötige landwirtschaftliche Erfahrung. Wer nicht von selbst aufgegeben hatte, wurde später gezwungenermaßen Mitglied der Landwirtschaftlichen Produktionsgenossenschaften. So manch einer verlor damit sein Eigentum in gewisser Weise zum zweiten Mal.

Die Arbeit, die sich zufällig anbot, entschied nicht selten über den weiteren Lebensweg. Wer jahrelang Hilfsarbeiten verrichten musste, statt seinem gelernten Beruf nachgehen zu können, schaffte es oftmals nicht, den alten sozialen Status zurückzugewinnen. Andererseits boten sich in der SBZ recht schnell soziale Aufstiegsmöglichkeiten. Durch die Entnazifizierungen waren viele Stellen neu zu besetzen und der Bedarf an Arbeitskräften wuchs derart, dass die Flüchtlinge und Vertriebenen dringend gebraucht wurden. Für die einen war es ein verlockendes Angebot, für die anderen ein unliebsamer Zwang, sich in die neue sozialistische Heimat zu integrieren. Wer jung genug war, sich aus seiner misslichen Lage befreien und beruflich aufsteigen wollte, hatte gute Chancen. Politisch setzte das neue System enge Grenzen, aber auch das störte nicht jeden. Manch einer – besonders aus der Aufbaugeneration – war dankbar für die ungeahnten Möglichkeiten, die sich ihm boten.

Viele Flüchtlinge und Vertriebene blieben in einer gewissen Distanz zum Staat. Zwar nutzten sie stärker als die Einheimischen die Bildungs- und Aufstiegsmöglichkeiten, hielten sich aber dennoch von der SED fern.[49] Offenbar entschieden sich gerade unter den Flücht-

lingen und Vertriebenen viele aus notwendigen oder zumindest pragmatischen Gründen für eine Anpassung, ohne jedoch ihre gesamte Identität an das neue System zu binden. So konnte ihnen nicht noch einmal alles genommen werden.
Letztlich war es weder die Bodenreform noch das Umsiedlergesetz, sondern der zunehmende Auf- und Ausbau großer Industriezweige, der die Integration beförderte. Mit der Zeit wuchsen die Unterschiede zwischen den Flüchtlingen, die in guten Positionen arbeiteten oder zumindest in Lohn und Brot standen und jenen, die weiterhin von staatlichen Zuschüssen oder in unzumutbaren Behausungen am Rande des Existenzminimums lebten. Die zuvor fraglose, auf gleicher Not und Erfahrung gründende Solidarität, brach langsam auf.
Die 1,5 Millionen Kinder und Jugendlichen, die zu den Flüchtlingsfamilien gehörten, wurden in vielerlei Hinsicht besonders gefördert. Sie sollten integriert werden und die neue Gesellschaft mit aufbauen. Viele Jugendliche nutzten diese Chance. Als gut ausgebildete Fachkräfte bildeten sie einen nicht unwesentlichen Teil der vielfach politisch loyalen Elite.[50] Zudem gab es unter den Flüchtlingen und Vertriebenen einige, die zuvor in den großen Gütern östlich der Elbe ein eher karges Dasein gefristet hatten und denen es nun vergleichsweise gut ging. Das ließ sie zu DDR-Bürgern werden, die sich weniger mit dem eigenen bzw. dem Flüchtlingsschicksal ihrer Eltern identifizierten, sondern eher mit ihrer Arbeit und ihrem Alltag in der DDR. Manchmal gelang der soziale Aufstieg aber auch erst eine Generation später.

> *„Ich bin den klassischen Weg eines Pioniers gegangen … und ich hab viel in der GST (Gesellschaft für Sport und Technik, Anm. d. Verf.) mitgemacht, weil ich sportlich war. Ich war auch am Werbellinsee und habe da eine Ausbildung gemacht als Freundschaftsratsvorsitzende. Also ich war so ein richtiges DDR-Kind mit allen Höhen und Tiefen, muss ich ehrlich sagen. Aber ich habe mich nicht eingesperrt gefühlt, zu keinem Zeitpunkt. Ich könnte jetzt sagen, mir ist es schon immer auf den Senkel gegangen und das hat mir alles nichts gebracht. Aber das stimmt*

nicht. Ich hätte auch noch so weiterleben können, weil ich nichts anderes kannte." (Jg.55/MV/w/Vater war Flüchtlingskind, arbeitete ohne Ausbildung auf dem Hof der Eltern, später in der LPG, war politisch nicht interessiert, aber unterstützte die Ausbildung seiner drei Töchter)[51]

„Ich bin in Brandenburg zur Kinder- und Jugendsportschule gegangen ab 1954 ... Wir sind da auf eine Eliteschule gegangen. Das wussten wir ja gar nicht. (...) Ostern 11. Klasse bin ich zu meiner Mutter nach Hause gekommen und habe gesagt: Nichts ist mit Lehrer, ich werde Krankengymnastin. (...) Ich war kein begeisterter DDR-Freund, aber ein normaler Bürger, der mit offenen Augen durchs Leben gegangen ist. (Jg.39/MV/w/Flüchtlingskind)"[52]

Die hohen Zahlen an Westflüchtlingen bis zum Mauerbau belegen, dass es bei weitem nicht allen erstrebenswert erschien, sich mit dem sozialistischen System zu arrangieren. Etwa 32 Prozent unter ihnen waren Flüchtlinge und Vertriebene – bei einem Bevölkerungsanteil von 24 Prozent. Die Gründe, noch einmal alles stehen und liegen zu lassen, waren vielschichtig: Der Unmut über die Entwicklungen in der DDR war groß. Viele hatten Geschwister, Eltern oder Verwandte, die in der Bundesrepublik lebten. Als Flüchtlinge und Vertriebene hatten sie kaum noch etwas zu verlieren. Außerdem verabschiedete die Bundesrepublik 1952 ein lukratives Lastenausgleichsgesetz, das vor allem Rentenzahlungen betraf.

Exkurs: Flüchtlinge hier – Vertriebene dort

Wovon auf jeder Seite gesprochen und wovon geschwiegen werden sollte, offenbart die Vielfalt an Begriffen, mit denen die Deutschen, die in der Folge des Zweiten Weltkrieges ihre alte Heimat verlassen mussten, bezeichnet wurden. Hinter jedem Begriff verbarg sich mehr oder weniger gut ein politisches oder gesellschaftliches Interesse. Noch dazu gab es verschiedene Schicksale, die sich schwerlich unter einem Begriff zusammenfassen ließen. Gemeinsam war allen Betroffenen der Verlust ihrer Heimat. Doch die einen waren noch während des Krieges vor der sowjetischen Armee geflüchtet, während die anderen unmittelbar nach Kriegsende durch Angehörige anderer Nationen vertrieben worden waren. Hinzu kamen jene, die zwischen 1946 und 1950 aus ihrer bisherigen Heimat zwangsumgesiedelt wurden. Folglich enthielt jede Bezeichnung eine Leerstelle, die auch die jeweilige Integrations- und Erinnerungspolitik strukturierten.

Sprach die sowjetische Besatzungsmacht anfangs noch von Flüchtlingen, sollte hier schon wenige Monate später nur noch von Umsiedlern die Rede sein und alsbald am besten ganz geschwiegen werden. Im Februar 1949 schaffte die SED ***das Problem*** – zumindest auf der begrifflichen Ebene – aus der Welt: „Keine Diskussionen mehr über das ‚Umsiedlerproblem', sondern nur noch Diskussionen über unsere Arbeits- und Sozialpolitik. Der Begriff ‚Umsiedler' muss schnellstens verschwinden. Alle Genossen sind darauf aufmerksam zu machen, dass nur noch vom sozialen Gesichtspunkt aus gehandelt und gesprochen werden kann."[53] Das hatte einschneidende Konsequenzen auf der praktischen Ebene. Die Umsiedlerausschüsse wurden aufgelöst und – was rückblickende Situationseinschätzungen erheblich erschwert – die Flüchtlinge und Vertriebenen tauchten in keiner Statistik mehr auf. Die Einbürgerung der Umsiedler galt fortan als erledigt. Sich zusammenzuschließen, um eigene Interessen zu vertreten, war für sie bis dato schon schwer bis unmöglich gewesen. Jetzt leugnete die politische Elite ihre Existenz als Gruppe und damit ihre besondere Lage. Fortan galt ein öffentliches Bekenntnis zur Herkunft aus einer der jenseits von Oder und Neiße liegenden Regionen als Affront gegen den Staat. Damit war eine Identität als DDR-Bürger vorgeschrieben – eine Jacke, die sich nicht jeder anziehen wollte und die nicht jedem passte, weil Identität sich verändern, aber nicht verordnet werden kann.

Die britische und die amerikanische Besatzungsmacht griffen zunächst auf scheinbar neutrale Begriffe wie Einwanderer oder Neubürger zurück. Auch sie wollten einen Bezug zur alten Heimat und das Erlebnis der Flucht möglichst ausblenden. Doch spätestens ab 1949 setzte sich in der Bundesrepublik die Bezeichnung Vertriebene durch.[54] Gut organisierte Interessenverbände betonten mit dieser Selbstbezeichnung das Unrecht der Vertreibung und ihren Opferstatus. Von Flüchtlingen, vor allem aber von dem durch die Deutschen begangenen Unrecht war fortan kaum noch die Rede. Das 1953 verkündete „Gesetz über die Angelegenheiten der Vertriebenen und Flüchtlinge" wurde stets als Bundesvertriebenengesetz bezeichnet. Diese Abkürzung offenbart zweierlei: den starken Einfluss der Vertriebenenverbände und ein politisches Interesse, das Recht auf die alte Heimat festzuschreiben.

Alte Heimat-Politik in der Bundesrepublik

Die westlichen Besatzungsmächte verfolgten anfangs ein ähnlich rigides Assimilationskonzept wie die Sowjetunion in der SBZ. So war die politische Selbstorganisation der Flüchtlinge und Vertriebenen zunächst auch hier strikt verboten. Möglichst schnell sollten Alt- von Neubürgern nicht mehr zu unterscheiden und – was noch wichtiger war – alle gemeinsam demokratisiert sein. Was als Politik der Gleichstellung gedacht war, erwies sich aufgrund der extrem unterschiedlichen Voraussetzungen häufig als Zurücksetzung der Flüchtlinge und Vertriebenen. Dennoch errichteten auch die Amerikaner Flüchtlingsverwaltungen, in denen nach spezifischen Lösungen für ihre schnelle Eingliederung in die Mehrheitsgesellschaft gesucht wurde. In den ersten Jahren nach dem Krieg stand man überall vor denselben sozialen und ökonomischen Problemen. Gerade in Schleswig-Holstein gab es einige Orte, in denen für lange Zeit weniger Einheimische lebten als Flüchtlinge und Vertriebene, die alle auf der Suche nach Essen, Unterkunft und Arbeit waren.
Angesichts des sich verschärfenden Ost-West-Konfliktes rückten die westlichen Alliierten allmählich von ihrer Vorstellung einer schnellen Assimilation ab. Sie vertraten stattdessen ein doppelbödiges Integrationskonzept, das von der Bundesregierung fortgeführt wurde.

Auf der einen Ebene wurde eine schnelle Eingliederung der Flüchtlinge und Vertriebenen angestrebt. Auf einer anderen Ebene wurde versucht, ihre Identität und ihren Rückkehrwillen aufrechtzuerhalten. So stand der politisch vertretene Rechtsanspruch auf die verlorene alte Heimat in den Grenzen von 1937 gleichrangig neben den Integrationsbemühungen. Die Eingliederungspolitik wurde bis 1960 wesentlich von konservativen, zum Teil auch durch ihre Mitgliedschaft in der NSDAP geprägten Kreisen bestimmt. Sie folgten ihren althergebrachten Vorstellungen eines ***organischen Volkskörpers*** und wollten Integration so verstanden wissen: als Eingliederung von ethnisch-kulturellen Kollektiven, die sie als ***ostdeutsche Stämme*** oder ***Landsmannschaften*** bezeichneten.[55]

Nach der endgültigen Aufhebung des Koalitionsverbots gründete sich 1950 in Schleswig Holstein der Block der Heimatvertriebenen und Entrechteten (BHE). Schon ein halbes Jahr später erhielt der BHE bei den Landtagswahlen in Schleswig-Holstein 23,4 Prozent der Stimmen und war damit nach der SPD die zweitstärkste Partei. Angesichts des hohen Anteils an Flüchtlingen und Vertriebenen verwundert es nicht, dass der BHE ausgerechnet hier ins Leben gerufen wurde und erfolgreich war. Drei Jahre später zog er mit 5,9 Prozent der Stimmen auf Bundesebene ins Parlament ein. Ihr Vorsitzender war Waldemar Kraft, ein früherer NS-Agrarfunktionär und SS-Offizier, von 1953 bis 1956 unter Adenauer Bundesminister für besondere Aufgaben. Auch sein direkter Nachfolger, Theodor Oberländer, hatte eine NS-belastete Vergangenheit. Eine Wiederwahl gelang dem BHE 1957 nicht.[56] Offenbar fühlten viele Betroffene sich von ihm in politischer Hinsicht nicht repräsentiert. Seine immer noch stark völkisch geprägte Ausrichtung und der vergleichsweise hohe Anteil an ehemaligen Nationalsozialisten unter seinen Funktionären mag dabei eine Rolle gespielt haben, andere politische Interessen waren in der Zwischenzeit von weiteren Parteien teilweise adaptiert worden. Ohnehin ist zu bedenken, dass die regional verankerten Landsmannschaften und Heimatverbände auch als kulturelle Erinnerungsgemeinschaft fungierten und nicht zwangsläufig durch eine einheitliche politische Haltung verbunden waren.

In der 1950 verkündeten Charta der deutschen Heimatvertriebenen forderten die Sprecher der Vertriebenenverbände politische Mitsprache sowie soziale und wirtschaftliche Gleichstellung. Sie verzichtete offiziell auf Rache und Vergeltung, verteidigte jedoch das Recht auf Heimat und erkannte die Nachkriegsgrenzen – im Einklang mit der Bonner Politik – nicht an. Drei Jahre später bekräftigte das Bundesvertriebenengesetz den Doppelstatus der Flüchtlinge und Vertriebenen. Sie wurden der Mehrheitsbevölkerung gleichgestellt und behielten dennoch eine Sonderstellung. Damit waren die staatliche Unterstützung ihrer Interessenvertretungen, die Förderung ihrer kulturellen Besonderheiten und eine dementsprechende Flüchtlingsforschung gesichert.

Anhand der achtbändigen „Dokumentation der Vertreibung der Deutschen aus Ost-Mitteleuropa" offenbarte sich die zweischneidige Seite einer Flüchtlingsforschung, die eher einer bestimmten Erinnerungspolitik diente denn der Suche nach Erkenntnis. Unter der Leitung von Theodor Oberländer ließ das Bundesvertriebenenministerium zwischen 1954 und 1961 zahlreiche Erlebnisberichte publizieren, die vor allem eins schildern: das mit Flucht und Vertreibung einsetzende Leiden der deutschen Zivilbevölkerung.[57] Wer wollte, konnte die eigene Opferwahrnehmung darin bestätigt finden und brauchte sich keinen weiteren Fragen zu stellen. Alles was davor geschehen war, blieb ausgeblendet. Der Abschlussband, in dem die Vertreibungen in eine lange Geschichte aggressiver nationaler Politik eingeordnet werden sollten, durfte wegen seiner einseitigen und eher demagogischen Ausrichtung nicht mehr erscheinen. Auch der oft betonte dokumentarische Wert dieser Veröffentlichung hat seine Grenzen. Die Zeitzeugenberichte wurden in ihrer Mehrzahl in einem recht großen zeitlichen Abstand von zehn Jahren und mehr verfasst. Es ist zu vermuten, dass sich vor allem diejenigen äußerten, die weiterhin unter den Folgen ihrer Erfahrungen litten. Und doch sind in der Dokumentation – wie lückenhaft auch immer – Erinnerungen bewahrt worden, die in der DDR höchstens im Privaten geteilt werden konnten.

Die entscheidenden Impulse für die Eingliederung der Flüchtlinge und Vertriebenen kamen auch in der Bundesrepublik aus dem wirtschaftlichen Aufschwung. Im Zuge der Westintegration füllten sich die Geschäfte und der Lebensstandard stieg, zunehmend schneller als im Osten. Bis alle davon gleichermaßen profitieren konnten, vergingen ein bis zwei Jahrzehnte. Das Lastenausgleichsgesetz von 1952 funktionierte eher als Sozialfürsorge denn als Entschädigung. Knapp 40 Prozent der Gelder wurden allein für Rentenzahlungen ausgegeben. Dennoch sorgte es für einen gewissen Ausgleich und bestätigte die spezifische Not der Flüchtlinge und Vertriebenen.[58]

Viele von ihnen arbeiteten lange Zeit unterhalb ihrer Qualifikation und verdienten entsprechend wenig. Noch im August 1961 wünschten mehr als 50 Prozent von ihnen eine Rückkehr in ihre alte Heimat.[59]

Alsbald profitierten auch die Flüchtlinge und Vertriebenen von den Folgen des wirtschaftlichen Aufschwungs. Es gab zunehmend mehr qualifizierte Arbeitsplätze, so dass sich der soziale Abstand zu den Alteingesessenen allmählich reduzierte. Die Geschichte ließe sich auch andersherum erzählen: Ohne die qualifizierten Arbeitskräfte aus den Reihen der Flüchtlinge und Vertriebenen wie der stetig hinzukommenden DDR-Flüchtlinge wäre das Wirtschaftswunder vielleicht gar nicht möglich gewesen. In den 1970er Jahren nahmen dann zunehmend die als Gastarbeiter Angeworbenen aus dem südlichen Europa die schlecht bezahlten Arbeitsplätze ein. Nun waren sie es, die ganz unten starten mussten.

Zwar hatten die Älteren unter den Flüchtlingen ihren sozialen Status aus der alten Heimat oftmals noch nicht wieder erreicht, aber die Jüngeren bzw. deren Kinder waren um 1970 in dieser Hinsicht recht gut integriert.[60] Sie hatten sich und ihrem oft skeptischen Umfeld erfolgreich bewiesen, dass sie vielleicht ärmer, aber keineswegs dümmer oder fauler waren als die Alteingesessenen.

„Mit dem 8. Schuljahr habe ich abgeschlossen. Das war mein Vorteil, dadurch konnte ich eine Lehre machen. Ich habe eine Lehrstelle als Tischler bekommen. Dann habe ich ausgelernt, dann war keine Arbeit hier in Schleswig-Holstein. Anfang der

50er Jahre war hier gar nichts. Zwei oder drei Wochen war ich arbeitslos. (...) Dann bin ich bei der Post gewesen, bin sogar Beamter auf Lebenszeit gewesen. Da bin ich dann nachher wieder weggegangen, weil mir das nicht zusagte. Und dann bin ich ans Theater gegangen. Da hab ich mich dann so langsam hoch gewurschtelt. Vom Theater bin ich weggegangen als Technischer Direktor." (Jg.34/SH/m)[61]

„Meine Brüder, da wohnten wir nachher schon in Bad Segeberg, sind dort auf das Gymnasium gegangen. Die sind beide Ingenieur geworden. Ja, wir waren immer Flüchtlinge, aber viele Leute haben dann gesagt: Was aus denen geworden ist, keine Landstreicher, keine Verbrecher oder sonst was, obwohl man kein Geld hatte. (...) Für uns Kinder war es nicht so, dass wir unbedingt Flüchtlinge waren. Für die Älteren vielleicht, die dann noch zehn Jahre älter waren, wie meine Schwägerin, für die war das sicher was Anderes." (Jg.38/SH/w)[62]

Die Flüchtlingskinder hatten – wie auch in der DDR – weitaus bessere Aufstiegschancen als ihre Eltern. Neben der Arbeit sorgte die Liebe für ein alltägliches Miteinander. Die Mehrzahl aller Ehen vereinigte Alteingesessene und ehemalige Flüchtlinge. Durch das Bundesvertriebenengesetz war sichergestellt, dass auch deren Kinder einen Vertriebenen-Ausweis beantragen konnten. Doch das zuständige Ministerium musste feststellen, dass immer weniger Anträge eingingen. Die Nachkommen identifizierten sich offensichtlich kaum noch mit der alten Heimat ihrer Eltern. Auch das Interesse der Flüchtlinge und Vertriebenen selbst ließ offenbar nach. Waren 1955 knapp elf Prozent von ihnen in einem der Vertriebenenverbände organisiert, waren es drei Jahre später nur noch knapp neun Prozent. Dass die Vertriebenenverbände trotz ihrer geringen Mitgliederzahlen einen recht großen politischen Einfluss hatten, lässt sich nur aus ihrer Bedeutung für die staatlich verfolgte Vergangenheitspolitik erklären.
Die Bundesregierung verteidigte das von den Vertriebenen eingeforderte Recht auf Heimat noch bis Mitte der 1960er Jahre. 1964

forderte der Verkehrsminister Hans-Christoph Seebohm (CDU), die „geraubten sudetendeutschen Heimatgebiete“ müssten zurückgegeben werden. Ein Jahr zuvor hatte auch die SPD unter Willy Brandt gegenüber der Schlesier Landsmannschaft erklärt: „Verzicht ist Verrat.“ Drei Jahre später distanzierte die SPD sich von einer solchen Heimatpolitik.[63] Als 1969 das Vertriebenenministerium aufgelöst wurde, war dies ein deutliches Symbol für einen Politikwechsel, gegen den die Vertriebenenverbände scharf protestierten.

Einen ersten deutlichen versöhnungspolitischen Impuls setzten die Kirchen. 1965 sandten polnische Bischöfe einen Hirtenbrief an ihre deutschen Kollegen, in dem sie an die Millionen Toten und Vertriebenen infolge des Zweiten Weltkrieges erinnerten. Gleichzeitig streckten sie mit dem Satz „Wir vergeben und bitten um Vergebung“ die Hand zur Versöhnung aus. Im selben Jahr veröffentlichte die Evangelische Kirche Deutschlands nach heftigen internen Kämpfen eine Denkschrift, in der sie das deutsche Recht auf Gebietsrückgabe und Vertriebenenrückkehr öffentlich hinterfragte. Sie forderte einen neuen, durch wechselseitige Versöhnung geprägten Anfang, der das deutsche Verhältnis zu seinen osteuropäischen Nachbarn künftig prägen sollte. Ein Verzicht auf die deutschen Ostgebiete sei die dafür notwendige Voraussetzung. Für einen solchen Vorstoß hatte die Kirche inzwischen ausreichend Rückendeckung in der Bevölkerung. Etwa die Hälfte aller Bürger war 1965 erstmalig bereit, die Oder-Neiße-Grenze zu akzeptieren, sofern dies zur raschen Wiedervereinigung beitragen würde. Das ist immer noch eine erstaunliche Verteilung, wenn man bedenkt, dass die Flüchtlinge und Vertriebenen etwa 16 Prozent der Bevölkerung ausmachten.

Auf die Frage, ob die Grenzen von 1937 wiederhergestellt werden sollten, antworteten im selben Jahr 22 Prozent der DDR-Bürger mit „ja“.[64] Das entsprach in etwa dem Anteil der von Flucht und Vertreibung Betroffenen an der Bevölkerung. Damit ist nicht gesagt, dass es hier eine zwangsläufige Verbindung zwischen der Haltung zur Grenzfrage und einem früheren Heimatverlust gab. In jedem Fall belegen diese Umfrageergebnisse, dass der Umgang mit der nationalsozialistischen Vergangenheit in beiden Staaten durchaus wirksam war und die Haltungen der Menschen beeinflusste.

Exkurs: Alte und neue Heimat – Erinnerungspolitik im Wandel

Im Westen setzten Politik und Vertriebenenverbände zunächst auf die beschriebene Doppelstrategie: Sie strebten sowohl eine gewisse Integration als auch die Beibehaltung einer ethnisch bzw. völkisch definierten Gruppenidentität an. Flüchtlinge und Vertriebene konnten sich öffentlich zu ihrer alten Heimat bekennen, die Geschichten ihrer Vorfahren erzählen, auf eigene Traditionen bestehen, ihre kulturelle Identität bewahren. Damit wurde nicht zuletzt auch der Rechtsanspruch auf die verlorenen Gebiete untermauert. Als Doppelstrategie war diese Politik von vornherein widersprüchlich. Nach etwa zwei Jahrzehnten, mit fortschreitender Integration, wurde dies immer offensichtlicher. Die verschiedenen Gruppen von Flüchtlingen und Vertriebenen lebten inzwischen über das gesamte Land verstreut, wodurch ihre ethnisch definierte Identität ohnehin in Auflösung begriffen war oder sich mit neuen Zugehörigkeiten mischte. Eine Mehrheit von ihnen war in der neuen Heimat angekommen, beruflich erfolgreich und vielfach auch familiär mit den Alteingesessenen verbunden. Die Erinnerungen an die alte Heimat verblassten oder lösten zumindest nicht mehr das zwingende Bedürfnis nach Rückkehr aus. Um es noch einmal mit den Worten Nietzsches zu sagen: Die neue Ostpolitik und der damit verbundene Wandel in der Erinnerungskultur in Westdeutschland war zweifelsohne ein Versuch, „das Vergangene zum Leben zu gebrauchen und aus dem Geschehen wieder Geschichte zu machen“[65]. Die Einseitigkeit einer Politik, die auf das Alte und die Bewahrung einer Zugehörigkeit zu einem großdeutschen Reich zielte, war damit aufgebrochen.
In der DDR hatten die Machthaber einen anderen Umgang mit der Historie gewählt. Die alte bürgerliche Ordnung sollte überwunden werden und das Kollektiv mehr zählen als die individuelle Freiheit der Person. Der Kommunismus als Utopie war in der Zukunft verankert. Ein Rückgriff auf die Vergangenheit war damit ausgeschlos-

sen. Von den ***Umsiedlern*** wurde Anpassung und Beteiligung beim Aufbau der neuen Gesellschaft gefordert. Jeder öffentliche Bezug auf die alte Heimat schien den sozialistischen Staat in Frage zu stellen. Auch diese Strategie hatte einen doppelten Boden. Die Machthaber glaubten, dass die Endgültigkeit der neuen Grenzen nur anerkennen würde, wer das Alte vollständig hinter sich gelassen habe. Illusionen über eine mögliche Rückkehr in die Heimat wären nur hinderlich für die Integration in die neue Gesellschaft. Doch den Menschen wurden nicht nur ihre Illusionen genommen. Auch ihre Erinnerungen hatten im öffentlichen Raum keinen Platz mehr. Alles Widersprüchliche wurde öffentlich negiert und beschwiegen. Dass Grenzziehungen gerechtfertigt sein und dennoch schmerzhafte Wunden hinterlassen können – auch bei denen, die sie mit verursacht haben – gehörte mit dazu. Angesichts der angespannten Lage nach dem Krieg und der angestrebten politischen Umwälzungen ist es eine nachvollziehbare Strategie, auf das Vergessen zu setzen. Langfristig hatte diese Strategie jedoch weitreichende Konsequenzen, wie jede Erinnerungskultur, die zu viel ausblendet.

Es sind mehr oder weniger komplexe Gesellschaften und politische Systeme, die den Rahmen für das kollektive Erinnern bilden. Doch auch sie sind zunächst durch einzelne Menschen und Gruppen geprägt, die – zumindest für eine gewisse Zeit – das Sagen haben. Im Falle der DDR waren es über vier Jahrzehnte hinweg vor allem die Kommunisten. Im Zuge des Kalten Krieges verordneten sie eine eigene Identitätskonstruktion in Abgrenzung zum Westen. Machtpolitisch hatte sich bald nach 1945 eine Gruppe durchgesetzt, die durch ihre Erfahrungen in der Moskauer Emigration geprägt war. Sie bildete eine Erinnerungsgemeinschaft, die die auf andere Erfahrungen gründende Sicht kommunistischer und widerständiger Gruppen aus dem öffentlichen Bewusstsein verdrängte. Noch dazu stellten die Kommunisten sich als Widerstandskämpfer und Avantgarde der Arbeiterklasse in die erste Reihe, wenn es darum ging, der Opfer des Faschismus zu gedenken. Juden, Sinti und Roma, Homosexuelle, Sozialdemokraten, Zwangsarbeiter oder auch Flüchtlinge und Vertriebene fanden in der offiziellen Erinnerung nur am Rande einen Platz. Mit Hilfe der Erinnerung an den antifaschistischen, kommunistischen Widerstandskampf wurde ein Wir, eine Gemeinschaft konstruiert, die für das Kollektiv Identität stiftend sein sollte. Darauf gründete sich die DDR als Staat und das Selbstverständnis der Herrschenden, zu den Siegern der Geschichte zu gehören. Anderslautende Erinnerungen blieben auf das im privaten Raum verortete kommunikative Gedächtnis angewiesen, um vor dem Vergessen bewahrt zu werden. In der Öffentlichkeit darüber zu reden, konnte gefährlich werden. So gehörte zum kollektiven Gedächtnis nicht nur die vorgegebene Erzählung der SED-Führung, sondern auch das Wissen um die Nichterzählbarkeit davon abweichender Erinnerungen, wie der von Flucht und Vertreibung.

Machtvolle Geschichten und kollektives Gedächtnis

Wer heute an Flucht und Vertreibung am Ende des Zweiten Weltkrieges denkt, sieht zumeist das Bild von Flüchtlingstrecks aus Ostpreußen vor sich. Im breiten Spektrum der existierenden Bilder hat dieses Motiv einen besonderen Platz in der kollektiven Erinnerung. Nahezu ikonenhaft versinnbildlicht es das Elend und Leid der erzwungenen Migration von mehreren Millionen Menschen. Doch nicht erst heute, schon unmittelbar nach Kriegsende gehörten bestimmte Fotografien von Flüchtlingstrecks – zumindest in den drei westlichen Besatzungszonen – zu den Schlüsselbildern von Flucht und Vertreibung. Bemerkenswert ist der Kontext ihrer Entstehung im Zuge der NS-Propaganda. Eine der bis heute oft verwendeten Aufnahmen von Vinzenz Engels, einem Angehörigen der Propagandakompanien, ähnelt in Bildausschnitt und Perspektive einem Standbild aus der NS-Wochenschau Nr. 754.[66] Mit dieser Art von Bildern verband sich ein ganz bestimmtes Erzählmuster. Dabei stand der sowjetische Vorstoß als alleiniger Auslöser für Flucht und Vertreibung im Mittelpunkt, während der Überfall von Nazi-Deutschland auf Polen wie auch die deutsche Vertreibungs- und Vernichtungspolitik oder die Räumungspolitik am Ende des Krieges nicht thematisiert wurden.

Das durch das Bild dargestellte Erzählmuster zeigt im wahrsten Sinne des Wortes einen Ausschnitt, der die Tatsachen verfälscht, wenn er für das Ganze gehalten wird.
Kein kollektives Gedächtnis ist ohne eine Vermittlung durch Literatur und Filme, Museen und Gedenktage vorstellbar. So vielfältig wie die Akteure sind auch die entstehenden Bilder. In der DDR sorgten vor allem einzelne Schriftsteller dafür, dass das kollektive Gedächtnis aller politischen Engstirnigkeit zum Trotz mit Geschichten belebt wurde, die das gängige Erzählmuster hinterfragten. In der Bundesrepublik forderten Geistliche, Künstler, Publizisten und schließlich eine radikale Studentenbewegung, die auf Bewahrung wie auf Verdrängung gründende Erinnerungskultur heraus. Das zeigt sich nicht zuletzt in der medialen Bearbeitung von Flucht und Vertreibung. Es mag eine Frage der Zeit, der nachwachsenden Generationen sein, dass die Veränderungen in Ost und West hier relativ parallel liefen. Und schließlich war auch die Mauer nie hoch genug, um nicht wenigstens mit einem Auge hinüber zu schauen und zu sehen, was auf der anderen Seite geschieht.

Flucht und Vertreibung im Spiegel der Literatur

In der Literatur kann Geschichte erzählt werden, ohne sie in Eindeutigkeit zwingen zu müssen. In ihrem Stoff, in den einzelnen Schicksalen lebt das Vergangene auf. Gleichzeitig schwingt die Gegenwart mit – beim Schreiben, beim Lesen, bei Lob und Kritik. Gelesen und verstanden wird sie aus verschiedenen Blickwinkeln. Sie ist geprägt vom kollektiven Gedächtnis, wie sie zugleich auch auf dieses prägend einwirkt. In den ersten Jahren und Jahrzehnten nach Kriegsende spiegelte die Literatur vor allem eine Welt, wie sie durch den Kalten Krieg und die jeweilige Erinnerungspolitik wahrgenommen wurde. Eine deutliche Zäsur in Bezug auf die Erzählmuster zeigte sich in Ost wie West ab Ende der 1960er Jahre.
In der Bundesrepublik erschienen in den 1950er Jahren eine Fülle von Vertreibungsromanen, aber auch Tagebücher und Autobiogra-

phien. Nicht selten versuchten hier Vertriebene, ihre Erfahrungen schreibend zu bewältigen. Im Fokus vieler Romane standen das Leid der deutschen Bevölkerung und die Idylle des Zurückgelassenen. Fragen nach Schuld und Verantwortung tauchten kaum auf, ebenso wenig wie all die anderen Opfer des Nationalsozialismus. Der Blick blieb auf den eigenen Nabel beschränkt – in der Bevölkerung ebenso wie in der Literatur. Bücher wie ***Leviathan*** von Arno Schmidt (1949), ***Die Blechtrommel*** von Günter Grass (1959), aber auch der Unterhaltungsroman ***Die schlesische Barmherzigkeit*** von Ruth Hoffmann (1950) bildeten Ausnahmen.[67] Ihre zunächst abweichenden Haltungen erhielten seit Mitte der 1960er Jahre immer mehr Zuspruch. Der Unmut über den einseitigen Blick auf die Leiden der deutschen Bevölkerung in der Bundesrepublik wuchs.

Zur selben Zeit löste sich die Literatur in der DDR – zumindest gelegentlich - von den ideologischen Vorgaben der Kulturbehörden. Bis dato hatte sie sich als „Literatur der Integration"[68] vor allem dem sozialistischen Aufbau gewidmet. Sofern es um Flüchtlinge ging, war von ihrem Ankommen und ihrer Integration in die neue Gesellschaft die Rede gewesen. Die Geschichten wie auch die Helden entsprachen der SED-Erinnerungskultur: sie glaubten an den Fortschritt, hatten ein Ziel vor den Augen und schritten unbeirrt voran. Flucht und Vertreibung wurden letztlich als Katharsis gedeutet. „In der DDR-Aufbauliteratur werden die Flüchtlinge durch den Sozialismus mehrfach erlöst: nicht nur von den psychischen und materiellen Folgen von Flucht und Heimatverlust, sondern auch von dem System der gesellschaftlichen Ungleichheit, unter der sie in Ostpreußen oder Schlesien oder Pommern gelitten hatten."[69]

Unter der gesellschaftlichen Ungleichheit litten zum einen nur diejenigen, die davon nicht profitierten hatten. Zum anderen wäre manch einer trotzdem lieber wieder in die vertraute Heimat zurückgegangen. Aber all das hatte in diesen Erzählungen keinen Platz. Die Utopie sollte keine Vision mehr sein, sondern Wirklichkeit. Dafür brauchte es eine fest justierte Brille, durch die die Welt nur in Ausschnitten zu sehen war. Ganz im Sinne des Kalten Krieges erschienen zeitgleich Romane, die sich der unzureichenden Integration der

Flüchtlinge im Westen widmeten und damit zweifellos die offizielle Kulturpolitik hinter sich wussten.[70] Die sah in den so genannten Umsiedlern vor allem Erlöste und Befreite. Ihre Verluste wollte und konnte sie nicht wahrhaben. Sie passten weder ins Bild noch zu der neuen Gesellschaftsordnung. Das Kollektive stand über dem Individuum, das Politische über dem Privaten. Interessanterweise wurde diese Aufbauliteratur zumeist von männlichen Autoren verfasst, obwohl Männer von Flucht und Vertreibung in weitaus geringerem Maße betroffen waren als Frauen.

Ähnlich wie in der BRD kam auch in der DDR zum Ende der 1960er Jahre Bewegung in die offizielle Erinnerungslandschaft. Es öffneten sich Freiräume, in denen unter anderem eine „Literatur des Rückblicks"[71] entstehen konnte. Die Hauptfiguren dieser Romane überschreiten eine unsichtbare wie eine reale Grenze. Sie reisen in ihre alte Heimat – was seit 1972 ohne Visum möglich war – und suchen nach einem Teil ihrer Geschichte, ihrer Identität. Jetzt sind es vor allem die Frauen, die als Autorinnen und Protagonistinnen in Erscheinung treten. Sie entwerfen ihr eigenes Bild von sich und der Geschichte, nachdem sie in den Romanen der Aufbauliteratur noch die Rolle der dynamischen und aufbauwilligen Umsiedlerin zu spielen hatten.[72]

Die Gründe für Flucht und Vertreibung werden in den meisten Romanen explizit thematisiert, aber sie bilden nicht den Kern. Ab den späten 1970er Jahren rücken emotionale, berufliche und soziale Probleme der Protagonistinnen in den Mittelpunkt. Sie verspüren eine doppelte Fremdheit. Die nicht aufgearbeiteten Folgen von Flucht und Vertreibung haben ihre Spuren hinterlassen, aber auch die Vereinsamung des Einzelnen im sozialistischen Alltag. Die Integration scheint nach all den Jahrzehnten erfolgreich gelungen, aber die neue Gesellschaft ist vielen keine Heimat. „Paradoxerweise wurden die Wunden, die die Entwurzelung des Krieges und vor allem der Vertreibung verursacht hat, mit den Jahren, literarisch gesehen zumindest, sichtbarer, spürbarer, schmerzhafter, und die Grenzen der Integrationsfähigkeit der DDR, die Kluft zwischen Anspruch und Wirklichkeit immer offensichtlicher."[73]

Mit dem Abstand einer Generation, die um ihre Existenz und Integration nicht mehr fürchten musste, gelang ein anderer Blick auf die Vergangenheit. Dieser war eng verknüpft mit einem stärkeren Bezug auf das eigene Innenleben. Die Zahl derer, die nicht länger bereit waren, das eigene Ich dem viel beschworenen Kollektiv bedingungslos unterzuordnen, wuchs. Zutage trat die lange beschwiegene Entwurzelung, aber auch der angesammelte Unmut, der sich angesichts der engen und in vielfacher Hinsicht bevormundenden Verhältnisse angestaut hatte. Für relativ große Aufmerksamkeit sorgte der 1976 in der DDR erschienene Roman ***Kindheitsmuster*** von Christa Wolf. Ihr kritischer Blick auf die Gegenwart wie ihre Beschäftigung mit der eigenen von NS-Erziehung und Flucht geprägten Vergangenheit war für viele Leser eine ungewöhnlich offene und selbstkritische Form der Auseinandersetzung.

Der Roman wurde ein Jahr später in der Bundesrepublik veröffentlicht und traf auch dort den Nerv der Zeit. Er passte gut zu der veränderten Erinnerungskultur, deren Aufmerksamkeit verstärkt bei den deutschen Verbrechen und den jüdischen Opfern lag. Das Thema Flucht und Vertreibung verlagerte sich zunehmend in die Unterhaltungsliteratur und die Privatsphäre. In den 1970er Jahren wurden nicht weniger Vertreibungsromane geschrieben als zuvor, aber teilweise mit einem anderen Schwerpunkt. Dabei bedienten Hoch- und Unterhaltungsliteratur eine unterschiedliche Leserschaft und ihre jeweiligen Interessen. Flucht und Vertreibung wurden verstärkt in Familiengeschichten eingebunden, die bis in die Weimarer Republik oder noch weiter zurückreichen. Jetzt stand weniger das Ereignis selbst als vielmehr die damit verbundenen Fragen nach persönlicher Mitschuld oder schweigender Duldung im Vordergrund.[74]

Flucht und Vertreibung in Film und Fernsehen

Weitaus stärker als die Belletristik prägen Film und Fernsehen das kollektive Gedächtnis und die darin verankerten Bilder. Das spiegelte sich auch in den Erzählungen der Interviewpartner. Kein anderes Medium übersetzt historische Ereignisse so wirkungsmächtig wie emotional besetzte und besetzende Ton-Bild-Ausschnitte. Zunächst zeigten die unter der Kontrolle der jeweiligen Besatzungsmacht produzierten Filme dasselbe Bild des gewünschten Flüchtlings: unkritisch gegenüber den neuen Machthabern, angepasst und bereit, in der neuen Heimat Fuß zu fassen. Alsbald unterschied sich nicht nur die Erinnerungspolitik der beiden deutschen Staaten, sondern mit ihr auch die mit Vorliebe verwendeten Bilder und deren Interpretationen. Das Unrecht der Vertreibungen blieb in der DDR auch in Film und Fernsehen ausgeblendet, was westdeutsche Politiker immer wieder als willkommenen Anlass für antikommunistische Propaganda nutzten. Die Regierung der DDR verwies im Gegenzug gerne auf die revisionistische Politik der Vertriebenenverbände wie auf den starken Einfluss ehemaliger NSDAP-Funktionäre in der Bundesrepublik. Ihre erbitterten Systemauseinandersetzungen führten beide Seiten nicht zuletzt über den Umgang mit der Vergangenheit, zu der auch die Grenzfrage und die Debatten um Flucht und Vertreibung gehörten.

In den populären Heimatfilmen, die vor allem in den1950er Jahren westdeutsche Kinosäle füllten, waren Flucht und Vertreibung durchaus präsent. Doch vielen standen die selbst erlebten Schrecken noch so deutlich vor Augen, dass sie lieber nicht daran erinnert werden wollten. Je weniger die Flüchtlingsbilder von der realen historischen Situation zeigten, desto beliebter waren sie.[75] Das Fernsehen der jungen Bundesrepublik beschäftigte sich eher selten mit den Vertriebenen, bediente im Falle des Falles aber die allgemeine Opfererzählung. Als das ZDF 1963 seinen Betrieb aufnahm, hatten die Vertriebenenverbände ihren medialen Ansprechpartner gefunden. Zahlreiche Reportagen über die ehemaligen Ostgebiete wurden hier ausgestrahlt, die Haltung der Vertriebenen zu den Ostverträgen mit Verständnis bedacht. Bis in die 1960er Jahre schwankten die Darstellungen von Flucht und Vertreibung häufig zwischen massiver antikommunistischer Propaganda und dem Herunterspielen der Integrationsprobleme.

Interessant ist die Vermischung dokumentarischer und fiktionaler Anteile in einigen Filmen über Flucht und Vertreibung. In dem 1959 in der Bundesrepublik entstandenen Kinofilm ***Nacht fiel über***

Gotenhafen reinszenierten die Filmemacher den Untergang des hauptsächlich mit Flüchtlingen belegten Schiffes ***Gustloff***. Die nachgestellten Szenen wurden in späteren Dokumentarfilmen quasi als historisches Material genutzt, um das Erzählte zu illustrieren. Andererseits wurde in ***Nacht fiel über Gotenhafen***, den das ZDF 1968 erstmals auch im Fernsehen zeigte, dokumentarisches Material aus nationalsozialistischen Wochenschauen verwendet.[76]
Welche Langzeitwirkung eindrückliche und häufig wiederverwendete Bilder haben, offenbarte sich auch in den von mir geführten Interviews. Mehrere Gesprächspartner erzählten, sie hätten eigentlich mit der ***Gustloff*** fahren wollen und wären nur durch einen glücklichen Zufall davon abgehalten worden. Das individuelle Gedächtnis bedient sich hier im Bildervorrat des kollektiven Gedächtnisses und behauptet, das Gezeigte selbst erlebt zu haben. Die ***Gustloff*** funktioniert in der Erinnerung als Synonym für das Drama der Flucht, den naheliegenden Untergang und das eigene Davongekommensein. In diesem Sinne lügt das Gedächtnis nicht, auch wenn es nicht die realen Tatsachen wiedergibt.
Die politische Stimmung in der Bundesrepublik sorgte in den 1970er Jahren dafür, dass Flucht und Vertreibung – analog zur Literatur – immer weniger in Szene gesetzt wurden. Stattdessen lief 1979 die vierteilige US-amerikanische Serie ***Holocaust-Die Geschichte der Familie Weiss*** im Fernsehen. Die Einschaltquoten überstiegen alle Erwartungen. Die Menschen saßen vor den Bildschirmen und sahen, was der Nationalsozialismus für den jüdischen Teil der Bevölkerung bedeutet hatte. Die dadurch ausgelösten Diskussionen ließen die Vertriebenenverbände befürchten, dass nun andere Opfergruppen die öffentliche Aufmerksamkeit bekommen könnten, die bislang ihnen galt. Daraufhin regte der Mediengesprächskreis der Ost- und Westpreußenstiftung gegenüber leitenden Redakteuren des Bayerischen Rundfunks an, einen Mehrteiler ***Flucht und Vertreibung*** zu produzieren. 1981 wurde die dreiteilige ARD-Dokumentation ausgestrahlt, die der Holocaust-Serie in ihren darstellerischen Mitteln stark ähnelte. Im Laufe der folgenden Jahre wuchs das öffentliche Interesse an Zeitzeugenberichten und Geschichten über Flucht und

Vertreibung erneut. Die schwarz-gelbe-Koalition unter Helmut Kohl hatte das ihre dazu getan: Sie förderte die Vertriebenenverbände und wünschte, dass die Deutschen sich positiv mit ihrer Nation identifizierten, jenseits aller Tätervergangenheit.[77]

Das Geschichtsfernsehen war nie voraussetzungslos und ist hinsichtlich seiner impliziten und teilweise manipulierenden Wirkungen auf das kollektive Gedächtnis nicht zu unterschätzen. Andererseits wäre die Erinnerungskultur ohne die Filme und Dokumentationen, die im Kreise der Familie gemeinsam gesehen und diskutiert wurden, um einige Denkanstöße ärmer gewesen. Die meisten Ostdeutschen hatten Zugang zum Westfernsehen und damit in gewissem Maße auch zum kollektiven Gedächtnis der Westdeutschen. Umgekehrt wäre der Zugang ebenso möglich gewesen, doch das Interesse am Staatsfernsehen der DDR war äußerst gering. Interessanterweise fand sich in keinem der Zeitzeugengespräche ein Hinweis darauf, dass es in irgendeiner Richtung erinnerungspolitische Korrekturen am eigenen Blick auf die Geschichte durch die jeweils andere Seite gegeben hat. Das lässt sich vermutlich darauf zurückführen, dass nicht einzelne Filme das individuelle Gedächtnis prägen, sondern eher die kollektiv geteilten Debatten darüber.

Das Fernsehen der DDR behandelte das Thema Flucht und Vertreibung weitaus eindimensionaler als die Literatur. Es war leichter zu kontrollieren und bot kaum Spielraum, um den Pfad der „ideologischen Tugend“ zu verlassen. Die Erzählmuster folgten dem bekannten Lehrsatz: Wirklich etwas aus der Geschichte gelernt und die beste Chance haben die Flüchtlinge, die sich am Aufbau der sozialistischen Heimat beteiligen. Sie waren die neuen Helden. In der 1968 erstmals ausgestrahlten Serie ***Wege übers Land,*** die eine Einschaltquote von 80 % erreichte, wird eine 20minütige Fluchtsequenz gezeigt. So etwas hatte es bis dato weder im ost- noch im westdeutschen Fernsehen gegeben. Bevor die Protagonistin in Mecklenburg ankommt, hatten sowjetische Soldaten ihr ein wehrloses Baby in den Arm gedrückt. So war sie zum Weiterleben verpflichtet, für sich und für das Neugeborene. Sie entwickelt sich zur Musterbäuerin, die den Sozialismus zwar eigenwillig aber tatkräftig unterstützt. In der

Logik des Films ist diese Wandlung nur folgerichtig. Eine Frau hat erkannt, dass ihre Flucht eine Folge der vorangegangenen deutschen Eroberungs- und Germanisierungspolitik ist und zieht daraus ihre Konsequenz. Ab den 1970er Jahren wurden die Geschichten eher aus der Sicht von Kindern und Jugendlichen erzählt. Ihre traumatischen Kriegs- und Nachkriegserfahrungen rückten zunehmend in den Fokus – der antifaschistische Grundtenor blieb.[78]

Der Kalte Krieg auf dem erinnerungskulturellen Feld wurde nicht nur über die Medien ausgetragen. Im August 1965 musste der Bundestag sich mit einem ***Postkrieg*** zwischen dem Ostblock und der Bundesrepublik beschäftigen. Grund dafür war eine Sonderbriefmarke der Bundespost mit dem Titel ***20 Jahre Vertreibung***. Bereits zehn Jahre zuvor hatte der Bund der Vertriebenen angeregt, eine solche Marke herauszugeben. Am 2. August 1955 war sie mit einer Auflage von 20 Millionen gedruckt worden. Vier Erwachsene und ein Kind laufen fast ohne Gepäck, den Wind im Gesicht. Dasselbe Motiv war auf der Marke von 1965 zu sehen, diesmal mit einer Auflage von 30 Millionen. Die osteuropäischen Staaten DDR, Tschechoslowakei, UdSSR, Rumänien und Bulgarien ergriffen daraufhin „postalische Maßnahmen". Die Marken wurden geschwärzt, übermalt, kommentiert, mit einer Nachgebühr versehen oder zurückgeschickt. Die DDR hatte sich vor allem für farbliche Übermalungen entschieden.[79]

Es hat durchaus etwas Erheiterndes, sich malende Postbeamte vorzustellen. Doch im Hintergrund kämpften zwei Parteien mit einiger Verbissenheit um die Köpfe und die Bilder, die sich darin verankern. Sie rangen um die Deutungshoheit über das kollektive Gedächtnis und die Frage, welchen Stellenwert Flucht und Vertreibung darin einnehmen. Stehen die Erinnerungen an die Deutschen als Opfer im Vordergrund oder die Erinnerungen an die nationalsozialistischen Verbrechen? Entweder-oder. Ein sowohl-als-auch gab es im Kalten Krieg nicht. Da ließen sich Staaten und Parteien von einem Vertriebenenverband herausfordern, der offenbar erheblichen politischen Einfluss hatte. Mit der Entspannungspolitik unter Brandt änderte sich die Situation. 1975 erschien keine weitere Sondermarke. Als 1985 unter Kohl die dritte Ausgabe geplant wurde, gab es im Vorfeld

heftige Diskussionen. Sie sorgten dafür, dass nicht länger von Vertreibung die Rede war. Auf der Marke stand nun ***40 Jahre Eingliederung heimatvertriebener Deutscher***.
Der Vollständigkeit halber und weil sie etwas über Bildikonen sagt, die das kulturelle Gedächtnis prägen, soll die Geschichte hier zu Ende erzählt sein. Zehn Jahre später, als Ost und West längst wieder vereinigt waren, gab es einen Briefmarkenblock mit zwei Marken zum 50. Jahrestag des Kriegsendes. Eine zerbombte Stadtlandschaft, betitelt mit ***Zerstörung von Städten und Dörfern***, und ein Wagen aus einem Flüchtlingstreck, betitelt mit ***Vertreibung und Verlust der Heimat*** waren darauf abgebildet. Wieder einmal standen die Deutschen als Opfer im Mittelpunkt der Erinnerung, die inzwischen eine gesamtdeutsche geworden war.
Für den Historiker Paul Gerhard gehören die Bilder der Flüchtlingstrecks zu den Ikonen einer Erinnerungskultur, die einen spezifischen Opfer- und Verdrängungsdiskurs begründete.[80] Andere Anteile der Geschichte und ihre Bilder hatten es schwerer: Bis der Holocaust nicht nur in intellektuellen Debatten und an Gedenktagen einen zentralen Platz einnahm, sondern auch im kollektiven Gedächtnis fest verankert war, dauerte es etwa 60 Jahre. Bilder von der Zerstörung der Stadt Warschau durch die Deutschen oder der Leningrader Blockade haben bis heute keinen Eingang in die kollektive Erinnerung der Bundesrepublik gefunden. Es sind eher einzelne Personen und Initiativen, die an diese Ereignisse erinnern, sie vor dem Verdrängen und Vergessen bewahren wollen. Die Vereinigung der beiden deutschen Staaten scheint hier keine Spuren hinterlassen zu haben. Im Geschichtsunterricht und in den Medien der DDR wurde an die Zerstörung Warschaus und die Leningrader Blockade durchaus erinnert. Die Verbrechen der Deutschen im Osten nahmen hier einen wichtigen Platz ein. Doch dafür blieb manch anderes ungesagt.

Schulbücher als Medium der Erinnerungskultur

Die Schulbücher der DDR veränderten sich über all die Jahrzehnte wenig. Während die Zerstörungen und Gewalttaten im Osten thematisiert wurden, fand sich über Flucht und Vertreibung kaum ein Wort. Gemäß der staatlichen Doktrin wurden die so genannten Umsiedlungen vor allem als geregelte Aussiedlung dargestellt, die für den Frieden in Europa unabdingbar war. Die Bodenreform erschien als wesentlicher Integrationsfaktor, was den Tatsachen eher am Rande entsprach. Zwar waren 1950 rund 43 % der Neubauern Flüchtlinge und Vertriebene, was ihren Anteil an der Gesamtbevölkerung bei weitem überstieg. Betrachtet man jedoch die Gesamtzahlen, so waren zu dieser Zeit etwa 350 000 Personen und damit nur 8 % aller sogenannten Umsiedler in den Genuss der Bodenreform gekommen.[81]
Auch in den Schulbüchern der Bundesrepublik spiegelte sich der jeweilige Zeitgeist. Bis in die 1960er Jahre stand die Opferperspektive im Vordergrund. Von ***Vernichtung*** und ***Verbrechen*** war nahezu exklusiv in Bezug auf Flucht und Vertreibung die Rede. Das Thema nahm in den Schulbüchern zwölf Mal soviel Raum ein wie der Holocaust. Die Betonung des erfahrenen Unrechts seitens der Deutschen ließ sich nahtlos mit der Nichtanerkennung der Ostgrenze verbinden. Dazu hatten nicht zuletzt auch die Ostkunde-Empfehlungen der Kultusministerkonferenz von 1956 beigetragen.[82] Sie hatte den Ostkunde-Unterricht an allen allgemeinbildenden Schulen als verbindlich festgelegt, allerdings nicht in Form eines separaten Faches, sondern als allgemeines, fächerübergreifendes Unterrichtsprinzip. Im Laufe einer kontroversen Debatte im Bundestag über dessen Inhalte hatte sich die Sichtweise der Vertriebenenverbände durchgesetzt.
Dementsprechend wurde die Geschichte der Deutschen im östlichen Europa emotionalisiert und wenig kritisch vermittelt. Die mittelalterliche Ostsiedlung wurde ausschließlich als große Kulturleistung dargestellt, der keinerlei Eroberungsdrang zugrunde gelegen habe. Vielmehr sei es um die Abwehr einer ***asiatischen Gefahr*** gegangen und darum, Ostmitteleuropa in das zivilisierte, technisch, wirtschaft-

lich und geistig überlegene Abendland zu überführen. Die Ostkundler konstruierten eine direkte Traditionslinie zwischen Ostgermanen und Deutschen und scheuten sich nicht, dabei auf Siedlungsbewegungen im 10. Jahrhundert vor Christus zu verweisen. Den Slawen hingegen wurde jedes Recht an diesen Gebieten abgesprochen. Im Zuge des Ostkundeunterrichts wurde auch die Vertreibung der Deutschen immer wieder thematisiert. Doch die Gründe dafür sahen die Ostkundler, die einen starken Einfluss auf die Unterrichtsinhalte hatten, keineswegs in dem von Deutschland begonnenen Zweiten Weltkrieg. Vielmehr verwiesen sie auf die Folgen des Versailler Vertrages, durch den nationale Minderheiten im östlichen Europa entstanden seien, und den Nationalismus der ostmitteleuropäischen Völker.[83]

Diese eher westdeutsch geprägte Sicht und das Motiv von Rache und Vergeltung gegenüber den Deutschen dominiert bis heute in den Schulbüchern der Bundesrepublik. Über die Hintergründe der alliierten Beschlüsse, die Aussiedlung der Deutschen betreffend, erfahren die Schüler – zumindest aus den Büchern – nach wie vor wenig.[84] Dennoch ist unübersehbar, welchen Einfluss die gesellschaftlichen Debatten auf die Vermittlung des Themas hatten. Bereits in den 1970er und 80er Jahren reduzierte sich der Umfang, den Flucht und Vertreibung in den Schulbüchern einnahmen, deutlich. Das Thema wurde weniger emotional behandelt und verstärkt in einen Zusammenhang mit dem Zweiten Weltkrieg gebracht. Neu konzipierte Schulbücher ordnen Flucht und Vertreibung inzwischen stärker in die Gewaltgeschichte des 20. Jahrhunderts ein. Subjektive Erfahrungen deutscher Kriegs- und Nachkriegsopfer sollen den Zugang erleichtern, so dass die Opferperspektive wieder in den Vordergrund drängt. Ein wesentlicher Unterschied zur Situation in den 1950er Jahren ist allerdings, dass diese Erinnerungen nicht mehr instrumentalisiert werden, um ***verlorene Gebiete*** zurückzufordern. Auch die schwierige Phase des Neuanfangs und der Integration wird inzwischen weitaus differenzierter vermittelt.[85]

Inzwischen ist der zeitliche Abstand groß genug, um keine Integrationserfolge mehr beschwören zu müssen, die politisch vielleicht wünschenswert, aber in der Realität nicht vorhanden waren. Dafür zeigen sich aktuell neue Auslassungen, die das Desinteresse der Mehrheitsgesellschaft und eine einseitige Erinnerungskultur spiegeln. Auch in den Schulbuchausgaben für die östlichen Bundesländer werden Flucht und Vertreibung, Neuanfang und Integration nun aus derselben Sicht dargestellt wie jahrzehntelang in der alten Bundesrepublik. Die spezifischen Nachkriegs-Erfahrungen der Flüchtlinge und Vertriebenen in der DDR, der Groß- und Urgroßeltern der jetzigen Schülergeneration also, bleiben weitestgehend ausgeklammert.[86] Damit setzt sich das öffentliche Schweigen über ihre Erfahrungen fort, das sie in der DDR als Folge der herrschenden Erinnerungspolitik hinnehmen mussten. Dies erscheint vielen als Abwertung der eigenen Biografie, als Missachtung. Im Einzelfall mag Gedankenlosigkeit oder ein tiefer gehendes, historisch weit zurückreichendes Desinteresse am Osten Deutschlands dahinter stehen. Auf struktureller Ebene verweist eine solche Leerstelle auf die fehlende oder allenfalls randständige Präsenz der Ostdeutschen in den meinungsbildenden Medien.

Schulbücher sind ein nicht zu unterschätzendes Medium der Erinnerungskultur. Schließlich begegnen viele hier zum ersten Mal außerhalb der Familie der Geschichte, sehen die Bilder, lesen die Texte, hören die Erzählungen, durch die sie vermittelt werden soll. Es ist der erste Ort außerhalb der Familie, an dem das kollektive Gedächtnis sich deutlich zeigt. Wie prägend dieser Einfluss ist, mag strittig sein. Doch belanglos ist er keineswegs. Neben all den Geschichten, die ein Kind oder Jugendlicher schon gehört haben mag, wird in der Schule ein historischer Kontext vermittelt, werden Sinnzusammenhänge konstruiert. Diese Interpretationen können dem familiären Gedächtnis widersprechen und dahinter verschwinden. Was dann bliebe, wäre ein Widerspruch, eine Reibungsfläche oder etwas, das ausgeblendet und abgewehrt wird. Doch in jedem Falle sickern die Bilder in das kollektive Gedächtnis ein. Es sind mit Bedeutung aufgeladene Bilder, die manch einer explizit, die Mehrheit vielleicht nur implizit erinnert. Im Erwachsenenalter sind sie umso prägender, je weniger sie reflektiert werden. Eine eigene und begründete Haltung braucht einen kritischen Abstand, einen Blick von außen auf die kulturellen Bezugsrahmen der Erinnerung, auf all die Rituale, Symbole, in Filmen und Büchern erzählten Geschichten, kurzum auf alles, wodurch Geschichte rekonstruiert und gedeutet wird.

Individuelles Gedächtnis und kulturelle Rahmen

In den Erinnerungen der Interviewten tauchen die kulturellen Bezugsrahmen zumeist nur indirekt auf. Gerade die älteren Befragten sind noch durch die nationalsozialistische Erziehung in der ***Hitlerjugend***, beim ***Jungvolk*** oder beim ***Bund Deutscher Mädel*** beeinflusst worden. Bei ihnen zeigt sich anhand bestimmter Formulierungen, mit welcher Ideologie sie aufgewachsen sind bzw. welche Erinnerungspolitik sie später verinnerlicht haben. Einzelne nehmen explizit Bezug auf bestimmte erinnerungskulturelle Rahmen.

> *„Polen haben sie nach dem 1. Weltkrieg ein großes Land gegeben, aber dann fallenlassen. In Deutschland die Industriellen haben gleich wieder, Krupp hat gleich weiter produzieren können. ... wir sind ja nun Polen gewesen. Polen war wirklich arm. Wir waren nun Deutsche, wir hatten uns doch mehr entwickelt." (Jg.23/MV/w)*[87]

> *„Ich hab nie mit den Vertriebenen mitgemischt. Das Thema war für mich erledigt. Ich war jetzt hier Zuhause. (...) Ich bin BDM-Scharführerin gewesen, Klubleitern, zwei Jahre Stellvertretende Stadtpräsidentin. Ich habe alles Mögliche gemacht. (...) Schön, dass die Grenzen aufgemacht werden. Aber so langsam haben wir genug. Das ist meine Einstellung. Aber ich mach da keinen Gebrauch von... Wir werden so langsam übervölkert von Ausländern." (Jg.25/SH/w)*[88]

> *„Dann kam Adenauer, der uns wieder Angst vor den Russen machte, in den 50er Jahren. Also ich habe damals in den 50er*

und auch in den 60er Jahren oftmals noch geträumt die Bomben fallen, die Russen kommen usw. In der Kieler Bucht, da kommen sie mit ihren Schiffen an. Das war Thema, heute nicht mehr, aber in den ersten zehn, zwanzig Jahren. Zumal es auch gewünscht war, wir wollten ja wieder eine Bundeswehr haben. (...) Ich wäre gerne zu den Vertriebenenverbänden gegangen, weil ich an meiner Heimat hänge, aber das war mir zu politisch gegen den Osten." (Jg. 31/SH/m)[89]

„Es gab zwar immer Treffen, aber da ist sie (die Mutter, d.Verf.) nie hingegangen. Meine Schwiegermutter, die ging dann immer mal zu den Pommerntreffen. Aber sie nicht. Das wollte sie nicht. Ich glaube, sie kannte da auch gar keinen, außer ihrer Familie kannte sie da keinen. (...) Sie war nicht so ein Mensch, der so mit Vereinen und so, damit wollte sie gar nichts zu tun haben." (Jg.38/SH/w)[90]

„Diese Angst vor den Russen. Die Polen waren schlimmer. Aber jetzt wissen wir, die wurden auch vertrieben, die konnten gar nichts dafür, dass die so schlimm waren. Bevor wir da verladen wurden, ging es noch durch eine Kontrolle. Meiner Schwester wollten sie noch die Ohrringe rausreißen. Das ist passiert. Ich hab's gesehen. Aber das waren die Polen, so was wollen wir aber nicht erwähnen. Das ist, das sind die Kriegs... Mein Onkel, ein Zwölfender, der als deutscher Soldat in Frankreich war und sonstwo, was der uns erzählt hat, wie die sich benommen haben, dann ist das auf beiden Seiten gleich." (Jg.39/MV/w)[91]

In einer offenen Gesellschaft können sich die Bezugsrahmen für Erinnerungen durchaus verändern bzw. sie differenzieren sich aus und kennzeichnen bestimmte soziale Milieus. Die Entspannungspolitik in der Bundesrepublik, aber auch der fortdauernde Kalte Krieg hinterließen in den Erinnerungen der Interviewten ihre Spuren. Dass die nationalsozialistische Vergangenheit erst ab den 1970er Jahren in der Schule thematisiert wurde, ist Ausdruck der erinnerungspolitischen Umbrüche dieser Zeit.

„Ich kann mich an kein Gespräch meiner Eltern erinnern, dass das (Aufarbeitung des Nationalsozialismus, d.Verf.) irgendwann mal ein Thema war. Also in der Volksschule sowieso nicht. Das wurde erst ein Thema beim Bundesgrenzschutz. Da habe ich dann auch die mittlere Reife nachgemacht. Da hatten wir drei Jahre Schule und unsere Lehrer waren alles Berufsoffiziere bei der Wehrmacht und waren alles Studienräte und Oberstudienräte. Das waren von daher schon gute Leute. Der BGS ..., der hat schon Aufarbeitung betrieben. Vor allem waren das Lehrer, die schwere Kriegsverletzungen hatten, die Amputationen hatten und die enttäuscht wurden durch die Ära Hitler, durch das was ihnen widerfahren ist. Die waren geläutert, die fühlten sich verraten. Die haben uns Demokratie eingebläut. Nicht Zuhause, nicht in den Volksschulen. Und in den Mittelschulen, denke ich mal auch nicht. Wahrscheinlich noch nicht mal auf dem Gymnasium. (...) Ganz im Gegenteil: Unsere Lehrer in den Schulen nach 1945, die wir dann hatten, die waren irgendwie alle fertig. Die waren alle so um die 50 rum, die standen alle in dem System drin." (Jg.38/SH/m)[92]

„Als erstes Bild habe ich den Diercke-Atlas mit der SBZ im Blick. Das fällt mir als Erstes ein. Das ist ganz tief eingeprägt. Also die sowjetisch besetzte Zone war nicht die DDR, sondern die sowjetisch besetzte Zone war das bei uns noch an der Schule... Wir haben über die DDR, über den Zweiten Weltkrieg viel in der Schule gesprochen, aber so richtig tief hängengeblieben ist mir das schulische Lernen dazu nicht." (Jg.59/SH/m)[93]

„Ich fand das super interessant, aber wahrscheinlich auch gerade vor dem Hintergrund, dass man zuhause nicht so viel erfahren hat. Ich hatte aber auch den Eindruck, dass man so ein bisschen, und das ist auch wichtig, das finde ich auch gut, dass man natürlich Aufklärung betreiben wollte. Anne Frank ge-

hörte zum Standard und viele andere Sachen, Dichter, Denker. Ob sich das durch den Deutschunterricht zog oder durch den Geschichtsunterricht oder Biologieunterricht, dass man gesagt bekommt, dass es eben keine Rasse in dem Sinne gibt. Also das ist schon, finde ich, unheimlich wichtig.“ (Jg.75/SH/w)[94]

Die in der DDR aufgewachsenen Zeitzeugen thematisieren vor allem die ideologisierte Beschäftigung mit dem Nationalsozialismus. Der Besuch einer KZ-Gedenkstätte war in ihrer Schulzeit allgemein üblich, bestimmte antifaschistische Bücher gehörten zur Pflichtlektüre. Einflüsse, die über diese erinnerungspolitischen Vorgaben hinausreichten – abgesehen von der Familie – sprach keiner der Interviewten an. Auch die westlichen Medien scheinen hier wenig prägend gewesen zu sein, obwohl sie für die Mehrheit gut zu empfangen waren.

„Das darf nie wieder passieren. Das war immer der Grundtenor. Eigentlich ist diese Zeit nicht wirklich gewertet worden, sondern eigentlich immer nur verteufelt worden, ... Die Menschen waren eigentlich alle böse. Was ich mich im Nachhinein immer gefragt habe, warum hab ich eigentlich so wenig auch bei meinen Eltern nachgefragt. Nee, hab ich nicht. Hat sich nicht ergeben. War für mich auch nie eine Frage. Die hat sich einfach nicht gestellt. Ich war zwar immer kritisch und hab auch viel hinterfragt, aber das zum Beispiel nie. Das war nie so, das muss in der Schule so gewesen sein, dass ich meine Eltern damit nicht in Verbindung gebracht habe.“ (Jg.55/MV/w)[95]

„Krieg und Nationalsozialismus war ein Thema, war auch für mich immer ein recht interessantes Thema, ist es nach wie vor. Ist vielleicht ein bisschen geprägt durch meinen Vater, der selbst sehr stark interessiert war in dieser Hinsicht, also überhaupt Geschichte. Dadurch war ich sehr breit aufgestellt, eben auch jüngere Geschichte. Sicherlich auch durch bestimmte Lehrinhalte, wie sie in der DDR vermittelt wurden, natürlich anfäng-

lich erstmal geprägt: Die guten Kommunisten haben die bösen Faschisten besiegt und nur die Kommunisten haben das alles gemacht. Ganz einfach, man hat ja den Widerstand der Kirchen unterschiedlicher Glaubensrichtungen, Homosexueller... Das hat man verschwiegen. Es waren nur die Roten, die die Guten waren oder die mit dem roten Winkel." (Jg.68/MV/m)[96]

Die Schule sorgte in beiden deutschen Staaten für eine Auswahl des vermittelten Wissens, die den politischen Orientierungen und Deutungsmustern folgte. Je nach System und persönlicher Haltung des Lehrers war diese Auswahl mal eindimensional und mal vielfältig. Eine Verbindung zu dem, was in der Familie erzählt oder eben auch beschwiegen wurde, ergab sich daraus nicht unbedingt. Inzwischen ist ein anderes Spektrum der Geschichtsvermittlung in den Schulen angekommen. Oft wird das Fach auch auf andere Weise unterrichtet. Die Erlebnisse und Erfahrungen der Großeltern werden einbezogen, kontroverse Fragen diskutiert, deren Ziel es ist, dass die Jungen selber zu kritischen und eigenen Urteilen kommen. Doch während eine Erinnerungslücke gefüllt wurde, ist offensichtlich eine Neue entstanden: die differenzierte Auseinandersetzung mit der DDR wie auch mit der Bundesrepublik vor der Wiedervereinigung.[97]

„Unser Lehrer ist sehr darauf erpicht, dass man viele Seiten anguckt. Also wir haben das Thema (Nationalsozialismus, d.Verf.) wirklich durch Vorträge, man hat das ja in der Unterstufe und dann in der Oberstufe nochmal, wir haben da wirklich sehr ausführlich drüber gesprochen und auch immer wieder solche kontroversen Fragen wie geht man mit Leuten um, die Offiziere im Nationalsozialismus waren. Soll man die im hohen Alten noch verklagen usw. usf. (...) Aber man hat teilweise auch gemerkt, dass einige vielleicht eine relativ andere Meinung dazu hatten, die jetzt nicht unbedingt dem Bild entspricht: so ungefähr, die Medien zeigen sowieso nur Blödsinn, Lügenpresse. (...) Ich glaube, das steht nicht in den Lehrplänen unbedingt drin, aber auch

Flucht und Vertreibung war bei uns Thema, weil, soweit ich weiß, von unserem Lehrer die Oma selber aus jetzt Polen kam und auch vertrieben wurde. Deswegen haben wir das behandelt, wie die Flüchtlinge damals behandelt wurden, und haben das auf heute immer wieder bezogen." (Jg. 98/MV/w)[98]

„DDR wird eigentlich zu wenig behandelt, weil gymnasial wird das erst in der Oberstufe behandelt. Das heißt diejenigen, die in der 10. Klasse abgehen, hatten bis zu dem Zeitpunkt nichts zur DDR, nichts. Also die wissen bis zum Nationalsozialismus und dann ist es vorbei und dann geht's wieder zurück in der Geschichte. Dann fängt man ganz von vorne an. (...) Flucht und Vertreibung war zweimal sogar Thema. Also das hatten wir beim ersten Mal Nationalsozialismus, in der 10. Klasse ... und jetzt nochmal in der 12. ... Unser Lehrer hat das so eingebunden, dass er zuerst das Theoretische, was eben so dahintersteckte mit den Vertreibungen..., eben überhaupt Definition von Flucht oder Vertreibung oder Flucht und Vertreibung, dass wir eben unterscheiden konnten. Und dann nach dieser ersten Stunde, wo das Theoretische war, hat er dann irgendwie gesagt, fragt mal Zuhause nach oder wisst ihr, wie es bei euch war." (Jg.98/MV/w)[99]

Selbst das ehrlichste Bemühen um eine Vermittlung von Geschichte, die verschiedene Perspektiven einbezieht und aus vielfältigen Quellen schöpft, ist von Personen, Interessen und Milieus geprägt. Wenn es um Zeitgeschichte geht, liegt das eigene Verwobensein mehr oder weniger sichtbar auf der Hand. Mit Abstand davon zu sprechen, es reflektierend einzuordnen, fällt schwer – zumindest denen, die in dieser Geschichte eine Rolle gespielt haben und keine Zuschauer waren. Das gelingt der nächsten, weniger betroffenen Generation leichter. Für sie steht nicht das eigene Tun, die eigene Biographie, die eigene Prägung auf dem Prüfstand. Dieser naheliegende Umgang mit der eigenen Vergangenheit zeigte sich auch in dem nach 1945 zu beobachtenden Schweigen.

Das Vergessen betraf nach 1945 in Westdeutschland eher die eigenen Taten und Versäumnisse, die Wahrheit über die NS-Vergangenheit, aber nicht das durch Flucht und Vertreibung erfahrene Leid. Erst allmählich setzten sich mehr als Einzelne mit den begangenen Verbrechen auseinander, die mit menschlicher Vorstellungskraft kaum zu erfassen sind. Anstöße dazu lieferten die großen Prozesse in den 1960er Jahren gegen Adolf Eichmann in Israel und gegen die Aufseher von Auschwitz in Frankfurt. Die mehrheitlich erschütterten Reaktionen auf die Ausstrahlung des Holocaust-Films kennzeichneten eine Wende in der Erinnerungskultur. Am 8. Mai 1985 sprach Richard von Weizsäcker erstmals vom „Tag der Befreiung" und erinnerte an die Ursachen für Flucht und Vertreibung. „Der 8. Mai war ein Tag der Befreiung. Er hat uns alle befreit von dem menschenverachtenden System der nationalsozialistischen Gewaltherrschaft. Niemand wird um dieser Befreiung willen vergessen, welche schweren Leiden für viele Menschen mit dem 8. Mai erst begannen und danach folgten. Aber wir dürfen nicht im Ende des Krieges die Ursache für Flucht, Vertreibung und Unfreiheit sehen. Sie liegt vielmehr in seinem Anfang und im Beginn jener Gewaltherrschaft, die zum Krieg führte."[100]
Diese Sicht auf Flucht und Vertreibung als Kriegsfolge hatten die Kommunisten in der DDR von Anfang an vertreten. Doch auch sie verschwiegen einen Teil der Vergangenheit. Ihre Beschäftigung mit Nationalsozialismus, Gewalt und Krieg endete dort, wo es ihr Selbstbild und ihre Herrschaft gefährdete. Andernfalls hätten die stalinistischen Verbrechen, der Hitler-Stalin-Pakt und die Übergriffe durch die Rote Armee auf die Tagesordnung gehört, ebenso die schwierige Lage der Kommunisten im sowjetischen Exil oder als Funktionshäftlinge mit besonderen Privilegien in den Konzentrationslagern. Auch über Flucht und Vertreibung sollte besser geschwiegen werden, um die lückenhafte Lesart der Vergangenheit und den notwendigen Neuanfang unter sozialistischen Vorzeichen nicht zu gefährden.
In Nischen wie Familie und Kirche, aber auch in der Literatur ist es im Einzelfall durchaus gelungen, ein „inoffizielles Gedächtnis"[101] wachzuhalten. In der offiziellen Erinnerungskultur tauchten

Flüchtlinge und Vertriebene kaum auf. Sie wurden zu Menschen ohne Vergangenheit, obwohl diese ihre Gegenwart noch lange Zeit bestimmte. Sie konnten sich weder auf ihre Herkunft noch auf ihre gegenwärtige Lage als Flüchtlinge und Vertriebene beziehen. Was ihnen blieb, war, zu vergessen oder zumindest öffentlich von dem zu schweigen, was bislang einen Teil ihrer Identität ausmachte: eine Landschaft, eine Lebensweise, eine Gruppe, der sie sich zugehörig fühlten. Doch gerade der Verlust, das Schreckliche, das eigentlich Unsagbare ist oftmals nur erzählend zu bewältigen.

Ohne all die Schattenseiten in Frage zu stellen, lässt sich in gewisser Hinsicht von einer gelungenen Integration der Flüchtlinge und Vertriebenen in Ost und West sprechen. Zunehmend bessere Arbeitsbedingungen, familiäre Kontakte und die – wenn auch unterschiedlich starke – Identifikation mit der neuen Heimat sorgten für ihre allmähliche Eingliederung. Auch Flüchtlinge und Vertriebene wurden über kurz oder lang zu Stadt- und Landbewohnern, waren arbeitslos oder in guter Position, verhielten sich politisch angepasst oder widerständig. All das sagt jedoch längst nicht alles über die tatsächliche Bewältigung der destabilisierenden Erfahrungen von Entwurzelung und verlorener Heimat, die nicht nur sie gemacht hatten.

Nach dem Krieg gab es viele Orte, an denen kaum noch etwas war wie zuvor. Die Zeiten hatten sich grundlegend geändert. Alexander von Plato schätzt, dass etwa zwei Drittel der in Deutschland lebenden Menschen bei Kriegsende nicht Zuhause waren. Darüber hinaus verweist er auf eine „neue Fremdheit", in der sich alle gleichermaßen zurechtfinden mussten: „Auch die meisten Einheimischen hatten Tote, Kriegsversehrte, Spätheimkehrer zu beklagen, viele waren durch Ausbombungen oder Evakuierungen ‚entwurzelt' worden; viele hatten den Verlust ihrer nationalsozialistischen Orientierung und die Verbrechen des NS-Regimes zu verkraften bzw. die Strafen der Siegermächte hinzunehmen. Alle mussten sich in der Nachkriegsnot zurechtfinden, lebten in den Städten mit bis zu 30 % unvollständigen Familien, mussten hamstern auf dem Lande, klauen und ‚organisieren'".[102] Flucht und Vertreibung ist ganz sicher nicht die einzige Erfahrung, die Menschen den Boden unter ihren Füßen

entzieht. Aber sie ist zweifelsohne eine Erfahrung, die in besonderer Weise existentiell ist. Denn die neue Heimat kann soziale Netzwerke, moralische Gewissheiten, familiären Besitz oder anderes, was den Menschen in der Welt verankert, nicht ohne weiteres bieten.
Außer Frage steht, dass ein gesellschaftlich oder individuell gepflegter Bezug zur Vergangenheit durchaus von Bedeutung ist, wenn es um Integration und Ankommen in einer neuen Heimat geht. Ein alleiniges Pochen auf eine an die Herkunft gebundene, kulturelle, religiöse oder ethnische Identität dient zumeist der Durchsetzung politischer Interessen. Im Interesse des Einzelnen kann solch ein Vergangenheitsbezug langfristig nicht liegen. Er verhindert eine Integration im Sinne einer gewissen Anpassung, die gleiche Chancen auf Teilhabe zum Ziel hat. Wer keinen Zugang zur Aufnahmegesellschaft findet – sei es weil er an seiner Vergangenheit festhält oder ihm keine Möglichkeiten der Integration geboten werden – kann in ihr seinen Platz nicht finden. Wird jedoch die Herkunft und damit die Vergangenheit völlig ausgeblendet, ist die Gefahr groß, dass die Integration äußerlich gelungen scheint, aber innerlich so fragil bleibt, dass in Krisensituationen kein Verlass auf sie ist.

Integration und Vergessen

Kaum eine Lebensgeschichte lässt sich erzählen, ohne von der Zeitgeschichte und ihren Umbrüchen zu sprechen. Die Erfahrung von Flucht und Vertreibung bewegt sich – wie viele andere – an jener Schnittstelle, an der die eigene Geschichte mit der politischen und gesellschaftlichen verwoben ist. Sie ist und bleibt eine persönliche Erfahrung, auch wenn sie Teil eines historischen Prozesses ist. Da Hunderttausende sie gleichzeitig gemacht haben, reagiert die Gesellschaft darauf; das wiederum wirkt auf den Einzelnen zurück. Und doch gibt es verschiedene Wege, eine solche Erfahrung in die eigene Lebensgeschichte zu integrieren. Kinder, Erwachsene und ältere Menschen erlebten den Verlust der bisherigen Heimat, zumal wenn er mit Gewalterfahrungen verbunden war, auf sehr unterschiedliche Weise. Dasselbe gilt auch für ihr Ankommen. Wieviel Verantwortung der Einzelne zu tragen hatte und tragen konnte, wieviel Schutz er hatte, welche Möglichkeiten zu handeln ihm blieben, was er auf der Flucht ohnmächtig mit ansehen musste – all das war ungleich verteilt.

Die Mühen der Ebene

Über das Gelingen eines Neuanfangs entschieden neben dem Alter auch Herkunft, Bildung, Geschlecht und die berufliche Situation. Die über 60jährigen waren besonders hart betroffen vom Verlust ihres Besitzes und des damit verbundenen sozialen Status. Sie hatten sich ein Leben aufgebaut, von dem nun kaum noch etwas übrig war. Von der Zukunft hatten sie nicht mehr viel zu erwarten. Ihnen blieb zu wenig Zeit, um noch einmal ganz von vorn anfangen zu können. Sie bezogen sich auf ihre Familie und ihre regionale Herkunft, auf ihre Gegenwart als Heimatvertriebene. Diese Identität blieb bei vielen bis zu ihrem Lebensende stärker als die neuen Zugehörigkeiten, vor allem wenn sie sich nur im engen Kreis der Familie oder ihrer Herkunftsgruppe bewegten. Andere hatten die Anstrengungen der

Flucht nicht überstanden oder gleich entschieden, lieber in der alten Heimat zurückzubleiben. Sie wollten nicht mehr in die Fremde und sie wollten denen, die gehen wollten oder mussten, nicht zur Last fallen. Bei den etwas Jüngeren sorgten Beruf, Ehe, Nachbarschaft, Kinder und Vereinsleben dafür, dass sie sich allmählich etablierten und der Abstand zu den Einheimischen immer geringer wurde.[103]
Die Forschung über die Situation der Flüchtlinge und Vertriebenen in der DDR ist nach wie vor eher dürftig. Die SED hatte das sogenannte ***Umsiedlerproblem*** für gelöst erklärt und sah demzufolge keinen Forschungsbedarf. Außerdem konnte sie so relativ sicher sein, dass das Gegenteil nicht doch noch zutage trat. Bis heute gibt es kaum vergleichende gesamtdeutsche Untersuchungen. Vor allem in Bezug auf Ostdeutschland fehlen generationenübergreifende Langzeitstudien, die subjektive Erfahrungen und Bewältigungsmuster in den Blick nehmen. Dennoch liegt auf der Hand, dass Belastungen und Eingliederungschancen auch hier für die einzelnen Generationen unterschiedlich ausfielen.
Flucht und Vertreibung waren vor allem eine weibliche Erfahrung. Was die Frauen in diesen Jahren geleistet haben, ist selten genug gewürdigt worden. Die meisten Männer waren noch im Krieg, verschollen, gefallen oder in Kriegsgefangenschaft, als sie sich mit ihren Kindern, Eltern und Schwiegereltern auf den Weg machten. Sie trugen einen großen Teil der Verantwortung, waren plötzlich auf sich gestellt, mussten Entscheidungen treffen und für die Familie sorgen. Viele von ihnen blieben auch die ersten Jahre nach dem Krieg mit all den Nöten und Herausforderungen allein, manche sogar für den Rest ihres Lebens. Ihre Männer galten als vermisst, kehrten gar nicht, schwer verwundet oder erst nach längerer Gefangenschaft zu ihnen zurück. Oder aber die gerade Zurückgekehrten taten genau das, was den nach Deutschland geflüchteten Männern heute oftmals vorgeworfen wird: Sie gingen ohne ihre Familien auf die Suche nach Arbeit, nach einem neuen Zuhause.

„S: Wir waren in Göhren und dann kam mein Vater aus russischer Kriegsgefangenschaft im September oder Oktober, genau weiß ich das nicht mehr, der war so unterernährt. (...) Dann sind wir, mein Vater und ich, durch Rügen gezogen und suchten einen Bauern für unsere große Familie. Wir waren mittlerweile, sieben Kinder, Eltern und Tante. (...) Dann haben wir einen Bauern gefunden. (...) Der hat gesagt: Ach, soviele Jungs, die können Kühe hüten und Pferde gegen Kartoffeln und Logis. Logis war nur Beton und Feldbetten und ein kleiner Kanonenofen zum Kochen für meine Mutter. Die hat am meisten darunter leiden müssen. Das ging solange gut bis mein Vater sagte: Ich hab keinen Bock. Dann ging er wieder nach Putbus. W: Eins musst Du auch sagen: Er hat auch mal bisschen lauten Mund gehabt und damals war der Russe da. Und da hat man schon sehr drauf geachtet. (...) S: Er ist dann 1946 in Westen gegangen, hat sich nochmal von den Engländern entlassen lassen als Kriegsgefangener, bekam dadurch ein Zimmer bei Bad Segeberg bei einem Lehrer und hat sich dann auch Arbeit besorgt. Wir waren also gut anderthalb Jahre alleine auf Rügen." (S:Jg.31+W:Jg.34/SH/m)[104]

„In Wittstock/Dosse sind sie (die Großeltern, d. Verf.) hängengeblieben. Dort haben sie eine Zuweisung bekommen und mein Opa ist dann runtergegangen in die Nähe von Marburg, ins Hessische. Der hatte dort angefangen bei irgendeinem Bauern und hätte da auch bleiben können, aber damals war das noch nicht mit der Währungsreform und er hat gesagt: ohne meine Frau und meine Tochter nicht. Also musste er wieder zurück, weil die Westzonen waren vor 1948, vor der Einführung der D-Mark, auch nicht so gewillt, dort so viele Leute aufzunehmen." (Jg.68/ MV/m)[105]

„Meine Oma hatte offene Beine, die konnte nie laufen. Solange wir sie auf dem Wagen mitschleppen konnten, ging das alles. Aber dann über den Rügendamm wurde sie getrennt, kam auch auf ein Pferdefuhrwerk und ist in Altefähr gelandet. Dort

ist sie auch verstorben. Quasin bei Saßnitz, das war das letzte Flüchtingslager. (...) Mein Vater ist nicht Soldat gewesen, der ist verschleppt worden, wie Männer aufgegriffen wurden, konnte sich nicht mal mehr verabschieden. Da hieß es nur, euren Paul haben sie auch mitgenommen. (...) Am 10.November 45 ist er verstorben. Der war in Sibirien und die mussten die Baracken für die deutschen Gefangenen bauen." (Jg.39/MV/w)[106]

Erwachsene, Männer wie Frauen, standen – ob allein oder gemeinsam – vor der Herausforderung, sich erneut eine Existenz aufzubauen. Alles bis dahin Geschaffene oder Geerbte war unwiederbringlich verloren. Der Hausstand, die familiären und nachbarschaftlichen Beziehungen, Arbeit und Beruf – alles musste mühsam von Neuem geschaffen und gestaltet werden. Die eigenen Bedürfnisse standen zumeist hintenan. Als Erstes mussten die Kinder und häufig auch die Eltern, die sich in der neuen Situation noch viel weniger zurechtfanden und kaum etwas zum Überleben beitragen konnten, versorgt werden. Es war vor allem die Verantwortung für Andere, die den Überlebenswillen und die Kraft durchzuhalten bei vielen derart stärkte, dass sie nicht aufgaben, sondern immer von Neuem die letzten Reserven mobilisierten.[107] In einer solchen Situation diente es dem Überleben, die belastende und oft brutale Vergangenheit hinter sich zu lassen.

„Das (die Trauer um den verlorenen Besitz, d. Verf.) war kein Thema zu Anfang, weil man hatte andere Sorgen. Aber sie (die Mutter, d. Verf.) hat schon darunter gelitten. Nach dem Krieg die Jahre gab es die Möglichkeit, dass man selber ein kleines Siedlungshaus baute. Man kriegte dann so Land und günstiges Geld. Aber sie war dann so allein und wir waren so klein. Wir konnten nicht mithelfen. Nur mit Eigenhilfe konnte man sich so ein Siedlungshaus bauen. (...) Andere Familien aus der Nachbarschaft haben das gemacht. Da war aber der Mann da oder auch große Kinder. Die haben das dann geschafft. Aber mit uns kleinen Kindern. Wir konnten ja nichts machen. ... Dann sagt sie

immer: Ach, wenn ich doch auch so ein kleines Häuschen hätte, dann würde ich nicht im Alter allein sein. Dann würde einer von den Kindern im Haus bleiben. Dass sie im Alter so alleine bleiben musste, ganz allein, dass keiner da war. Jeder hatte seine Familie irgendwo. Und sie war dann alleine. Also sie hat da sehr drunter gelitten." (Jg.38/SH/w)[108]

„Mein Vater hat dann eine Neubauernstelle genommen. Bloß leider zwei Monate nach meiner Hochzeit (1946) starb meine Mutter und im August starb meine Schwester an Typhus. Meine Mutter war seelisch kaputt, dass sie alles verloren hatte, glaube ich. Die hat das nicht überwunden. Ich hab meinem Vater dann auf der Siedlung geholfen und er hat sich eine Wirtschafterin genommen." (JG.23/MV/w)[109]

Der Schmerz über den Verlust der alten Heimat war bei den Erwachsenen ähnlich stark wie bei den Alten. Hatten doch auch sie einen Ort, eine Gemeinschaft, familiären Besitz, eine soziale Position und einige Jahrzehnte gelebten Lebens dort zurücklassen müssen. Doch ihr Vorteil war, dass sie mehr Kraft hatten und noch genug Zukunft vor sich, für die es lohnen könnte, einen Neuanfang zu wagen. Häufig entschieden die Möglichkeiten zu arbeiten oder in einer vollständigen Familie zu leben darüber, ob es diese zweite Chance gab oder fortan vor allem der Bruch das Leben prägte. Unabhängig davon brachte es der ganz normale Alltag mit sich, dass die erwachsenen Flüchtlinge den Alteingesessenen näher kamen. Mit den fremden Gewohnheiten vor Ort einen Umgang zu finden, fiel ihnen in der Regel leichter als den älteren Heimatvertriebenen. Zuerst war es eine Frage der Notwendigkeit, dann aber sorgte auch die verstrichene Zeit dafür, dass die Vergangenheit in den Hintergrund trat und sie sich der Gegenwart zuwandten. Zumindest hatten sie – anders als die Alten – mehr Spielraum zu entscheiden, wie weit sie sich in die neue Gesellschaft integrieren wollten.[110]

Die Bereitschaft, sich an die neuen Lebensumstände anzupassen, war beileibe nicht nur eine Frage des Alters. Sie war ebenso eng mit

den Umständen des Ankommens und den Chancen für einen Neuanfang verbunden. Es ist naheliegend, dass ein starker Bezug auf das Gestern sowohl die Tatkraft als auch die Offenheit gegenüber dem Neuen einschränken kann. Genauso naheliegend ist es jedoch, dass dort, wo die Tatkraft durch äußere Umstände, durch körperliche oder seelische Beschädigungen gehemmt ist und die neue Gesellschaft keine offenen Türen bereithält, das Gestern leicht verklärte Züge annimmt.
Letztlich gelang es sowohl der DDR als auch der Bundesrepublik die Mehrheit der Flüchtlinge und Vertriebenen materiell, beruflich, sozial, aber auch politisch und kulturell weitgehend einzugliedern.[111] Die offene Frage ist, wieviel Anpassung und vielleicht auch Selbstaufgabe oder -verleugnung dafür notwendig waren. Welcher Preis wurde für die Integration oder gar völlige Assimilation bzw. deren Verweigerung gezahlt? Anpassung, so viel ist klar, ist in bestimmten Situationen schlicht und einfach ein Überlebensmechanismus. Wie stark und wie lange dieser Mechanismus wirkt, wird durch eine Fülle subjektiver Gegebenheiten bestimmt, die dem Verstand nicht immer zugänglich sind.
Insbesondere in der DDR galt es, auch im politischen Raum einen Weg zu finden, der vorgegebenen Linie aktiv oder eher distanziert zu folgen. Je höher einer die Karriereleiter hinauf wollte, desto engagierter oder geschickter musste er sich dabei verhalten. Gerade unter den jüngeren ***Umsiedlern*** gab es einige, die sich am Aufbau des Sozialismus beteiligten und so ihren sozialen Aufstieg sicherten. Qualifizierung und beruflicher Aufstieg war für sie noch wichtiger als für die Einheimischen. Von der Politik hingegen hielten sie sich lieber etwas ferner. „So qualifizierten sich nicht nur mehr befragte Umsiedler als Einheimische weiter, ähnlich wie das auch in der Bundesrepublik der Fall war, sondern es wurden auch mehr Vertriebene als Einheimische leitende Angestellte, obwohl weniger in der SED waren – man kann sich vorstellen, dass das erhebliche Klimmzüge in der beruflichen Qualifikation verlangte.“[112]
Dagmar Semmelmann, die 1988/89 lebensgeschichtliche Interviews mit Flüchtlingen und Vertriebenen in Eisenhüttenstadt (DDR) führ-

te, konstatiert eine Anpassungsbereitschaft, die zunächst hilfreich gewesen sein mochte, letztlich jeodch einen persönlichen wie gesellschaftlichen Stillstand mit sich brachte. „Die Überanpassung an eine sich (schon bald) nicht (mehr) selbst permanent infragestellende, etablierte, entwicklungshemmend gewordene Gesellschaft erscheint mir als eine verhängnisvolle, für die Einzelnen wie die Gesellschaft als Ganzes gefährliche Form der Integration, – wie sie wohl besonders deutlich an Umsiedlerbiographien aus der DDR nachvollziehbar ist."[113] Eine solche Überanpassung speiste sich in vielen Fällen wohl aus dem unbedingten Aufstiegswillen der Flüchtlinge, die nicht zeitlebens auf einer der untersten und damit unsicheren sozialen Positionen verharren wollten. Innere Überzeugungen und eine belastbare Haltung waren damit nicht unbedingt verbunden.

Andere erfahrungsgeschichtliche Untersuchungen zeigen, dass die ***Umsiedler*** eine größere Distanz zur herrschenden Partei hatten als die Einheimischen. Es gab unter ihnen weniger SED-Mitglieder, eine verbreitetere Skepsis gegenüber politischem Engagement und teilweise sogar eine ablehnende Haltung.[114] Die Erfahrungen als Flüchtlinge und Vertriebene werden dazu ebenso beigetragen haben wie die häufig zerrissenen Familien, von denen ein Teil im Osten und ein anderer Teil im Westen lebte. Die zwangsweise Umgesiedelten hatten die Konsequenzen der nationalsozialistischen Politik am eigenen Leib erfahren und standen einer neuen Ideologie dadurch vielleicht skeptischer gegenüber als manch Einheimische. Daneben ging mit der fehlenden Verwurzelung vermutlich eine grundsätzliche Verunsicherung einher, die die Menschen davor zurückhielt, alles auf eine Karte zu setzen. Der Verlust von Heimat, Besitz und sozialem Status erschien vielen als ungleich verteiltes Unrecht. Die Einheimischen teilten diese Sicht zum großen Teil nicht. Ihr fehlendes Mitgefühl machte es für die Flüchtlinge und Vertriebenen umso bitterer.[115]

Insbesondere unter den ***Umsiedlern*** in der DDR hatten viele das Gefühl, den Krieg zweimal verloren zu haben. Dass sie in der Sowjetischen Besatzungszone gelandet waren und ihnen die wirtschaftlichen Vorzüge von Marshall-Plan und Lastenausgleich verwehrt blieben, empfanden sie als neuerliche Niederlage und Benachteiligung.[116] Wer darüber hinaus erlebte, wie die, die gestern noch bei den Nazis mitmischten, heute wieder an der Macht waren, hatte ein berechtigtes Misstrauen. Persönliche Erfahrungen, auch wenn sie nicht zu verallgemeinern sind, prägen gewöhnlich die politische Haltung.

> *„Meine Tante, die von dem Zwölfender, die ... ist in Potsdam-Sacrow gelandet und mein Onkel wurde Ortsvorsteher als die DDR gegründet wurde. (...) Es wurde viel darüber gesprochen: Mein Onkel Karl, erst hat er gejubelt, nachher hat er wieder gejubelt. Das wurde kritisch gesehen. Und meine Tante, die jüngste Schwester meiner Mutter, die war sehr cholerisch... Als wir dann in Potsdam-Sacrow lebten, waren meine Schulbücher wieder frei und ihre beiden Kinder mussten Schulbücher bezahlen. ... Einmal hat meine Mutter sich sehr gezankt mit ihrer Schwester und hat gesagt: Gib mir deinen Mann und du kannst Schulbücher frei kriegen so viel du willst.“ (Jg. 39/MV/w)*[117]

Im Allgemeinen leisten Außenseiter bzw. diejenigen, die sozial am Rand stehen, mehr als die Etablierten, um dasselbe zu erreichen. Das war nicht nur in der DDR so, wo Fleiß und Anpassung auch noch das verweigerte politische Engagement ausgleichen mussten.
Für Ost wie West galt gleichermaßen: Die Bereitschaft, auch an anderen Orten eine Arbeit anzunehmen, Aufstiegsbewusstsein und Arbeitsethos waren unter den Vertriebenen größer als bei den Einheimischen. Ähnliches ließ sich bei den später eingewanderten Gastarbeitern in der Bundesrepublik beobachten. Unter ihnen gab es viele, die weitaus leistungsbereiter waren als die inzwischen beruflich und sozial integrierten Flüchtlinge. Gastarbeiter gab es zu der Zeit in der DDR nicht, dort wurden die zunehmend unbesetzten, weniger qualifizierten Arbeitsplätze häufig von älteren, alleinstehenden Frauen übernommen. Unabhängig vom politischen System ähnelten sich die Normen in Ost und West: Sparsamkeit, Pflichtbewusstsein, Anstand, Sauberkeit, Pünktlichkeit und Aufstiegsorientierung.

All das wurde von den Flüchtlingen und Vertriebenen etwas ernster genommen als von den Einheimischen.[118] Die Hinzugekommenen spürten offenbar sehr genau, dass von ihnen mehr Korrektheit erwartet wurde und sie sich nichts zuschulden kommen lassen durften, wollten sie die Akzeptanz durch die Alteingesessenen nicht verlieren. So war auf jeden Schritt genau zu achten, sollte das mühsam errungene Dazugehören nicht gefährdet werden.
Die jungen Erwachsenen, die bei Kriegsende ohnehin auf dem Weg in ein eigenes Leben gewesen waren, integrierten sich vergleichsweise schnell. Ihre Erfahrungen im Krieg hatten sie früh erwachsen werden lassen, sie waren unabhängig von ihren Familien und hatten noch keine Verantwortung für Andere zu tragen. Auch die Kinder und Jugendlichen stellten sich weitaus schneller auf die neue Umgebung ein als ihre Eltern. Doch auf dem Arbeitsmarkt gerieten sie zunächst einmal ins Hintertreffen. Zumeist fehlten ihnen - durch die oft mehrere Jahre währende Suche nach einer neuen Bleibe - einige Schuljahre oder bestimmte Abschlüsse.

> *„Mein ältester Bruder sollte also mittlere Reife machen und hat sich genauso schwer getan wie ich mich schwer getan habe, ganz einfach weil uns vieles fehlte. Wir hatten Defizite. Und das hat mich eigentlich immer verfolgt, dieses Defizit. (...) Mein Bruder hat letzten Endes die mittlere Reife auch nicht geschafft. Er wurde nicht versetzt und dann hat er die Feststellung gemacht, dass er mit Jüngeren... lernen muss. Das war zweimal der Fall und das war für ihn unerträglich. Die Gleichaltrigen verdienten schon Geld. Da hat er das Handtuch geschmissen und er ging dann auch zum Bundesgrenzschutz, vor mir. (...) Ich hatte eine Lehre bekommen, nachdem ich ein halbes Jahr Zuhause war in der Landwirtschaft meines Vaters. Ich war der erste Knecht sozusagen. Dann irgendwann bekam ich durch die Verbindungen meines Vaters ... eine Leerstelle." (Jg.38/SH/m)*[119]

Viele mussten angesichts der anhaltenden Notlage ohne materielle und aufmunternde Unterstützung durch ihre Eltern auskommen.

Die einen versuchten möglichst schnell selbständig zu werden, die anderen konnten und wollten ihre Eltern nicht im Stich lassen. Sie blieben länger Zuhause und übernahmen sehr früh Verantwortung. Alle hatten auf der Flucht gefährliche und bedrohliche Situationen erlebt. Im besten Falle hatten sie dabei auch die Erfahrung gemacht, dass diese irgendwie zu bewältigen gewesen waren. Im schlimmsten Fall blieb das Gefühl von Ausgeliefertsein und Ohnmacht. Viele von ihnen holten die anfänglichen Nachteile den Einheimischen gegenüber im Laufe ihres Lebens durchaus auf, mit besonderem Fleiß, Beharrlichkeit und unter Inkaufnahme manch eines Umweges.

> *„Mit zerrissenen Hosen, ohne Perspektive, immer noch relativ gehungert hier im Westen, mit dem Krieg im Nacken und mit der Flucht im Nacken. Man hat ja keinen geregelten Lebenslauf gehabt. Man hat ja von heute auf morgen gelebt. Da hab ich gedacht, nee, das wird sowieso nichts. Ich will jetzt lernen, ich nehm einen Lehrberuf. Und mein Vater war froh. Ich bekam 25 Reichsmark und dann durfte ich 2,50 Reichsmark behalten. Alles andere ging in die Familie. Der war froh, dass ich nicht mehr zur Schule gegangen bin, wegen so ein bisschen Geld. Ich hab Holzkaufmann gelernt. (...) Dann hab ich versucht nachzubessern im Abendunterricht, bin aber im Kaufmännischen geblieben, hab dann nachher in einer Firma Heizung, Lüftung, Klima gearbeitet und bin dann nachher auch noch Geschäftsführer und Prokurist geworden. Man musste was tun, das ist klar.“ (Jg.31/SH/m)*[120]

> *„Er (der Vater, Jg. 32/MV, d. Verf.) hat im Schweinestall gearbeitet und ist zuletzt Trecker gefahren. Er hat seinen Facharbeiter gemacht für Tierproduktion und Pflanzen. Er wäre gerne (unverständlich) geworden, aber das ging nicht. Er hatte zuhause noch zwei Schwestern und er musste auf dem Hof mit arbeiten. Die Familie hat Bodenreformland gehabt und da musste er dann seinem Vater helfen. Seine Schwestern haben eine Berufsausbildung gemacht und er war der, der die dann noch bezahlt hat, so indirekt.“ (Jg. 58/MV/w)*[121]

Der berufliche Erfolg ist kein alleiniger Gradmesser für das Angekommensein in der Gesellschaft, aber auch nicht unwesentlich. Neben der Generationenzugehörigkeit hatten Arbeit und Familie einen großen Einfluss auf die individuelle Verarbeitung der Flucht- und Kriegsgeschichte.
Die von mir geführten Interviews zeigen, dass die betroffene Generation – die vor 1940 Geborenen – in Ost wie West untereinander über ihre Erlebnisse und Erfahrungen als Flüchtlinge gesprochen hat. Je nach Familie variierte die Intensität, mit der das geschah, und vor allem je nach Alter auch das Vermögen sich zu erinnern. Wo wenig darüber gesprochen wurde, stand nicht unbedingt ein Tabu dahinter. Häufig gab es schlicht und einfach andere Sorgen. Das Überleben wollte gesichert sein. Manche brauchten dafür alle Kraft, die zur Verfügung stand. Das Vergessen stellte sich mit der Zeit von selbst ein oder erschien hilfreich, um nicht beständig an den schmerzhaften Verlust erinnert zu werden.
Inzwischen sind die, die Flucht und Vertreibung noch selbst erlebt haben, im fortgeschrittenen Alter und die Erinnerungen kehren zurück. Das ist nicht ungewöhnlich. Ab einem Alter von etwa 70 Jahren erinnert der Mensch sich verstärkt an das, was als Kind und in der Jugend bis Mitte 20 geschah. Gerade die Ereignisse, die am weitesten zurückliegen, werden wieder präsent. Wozu der Zugang in jüngeren Jahren verstellt war, gelangt teilweise nun ins Bewusstsein. Das lässt sich nicht allein mit den nachlassenden Fähigkeiten des Kurzzeitgedächtnisses erklären. Es hat auch viel damit zu tun, in welcher Lebensphase die intensivsten und bedeutungsvollsten Erfahrungen gemacht wurden. Häufig ist das in der späten Jugend und im frühen Erwachsenenalter, wenn Entscheidungen getroffen werden müssen, die das gesamte Leben prägen.
Diejenigen, die als Kinder und Jugendliche den Krieg noch bewusst erlebt haben, sind heute zumeist über 80. Die Erinnerungen an die alte Heimat, an Krieg, Flucht, Vertreibung und Nachkriegszeit sind ihnen jetzt viel näher als noch vor 20 Jahren. Sie sind nicht mehr berufstätig, und haben vielleicht das erste Mal in ihrem Leben Zeit und Muße, sich mit ihrer eigenen Geschichte zu beschäftigen. Eini-

ge schreiben auf, was sie erlebt haben, malen Bilder von ihrer alten Heimat, lesen nach, was damals geschehen ist. Sie erinnern sich an die vertrauten Orte ihrer Kindheit. Manche reisen zum ersten Mal dorthin, auch um ihren Kindern und Enkeln zu zeigen, woher sie kommen.

> *„Mein Vater hat erst im Rentenalter darüber gesprochen (über die Flucht, d. Verf.). Er ist jetzt 82. Ich weiß nicht, ob er dann Zeit hatte oder ob irgendwann dann erst die Verarbeitung vollendet war. Da hat er dann viel drüber gesprochen. Und er malt auch und malt auch viel aus Königsberg, jetzt noch – aus der Erinnerung oder war auch mal da oder von Fotos. Also das ist schon ein präsentes Thema. (...) Vielleicht hat er erst in dem erwachsenen Sohn einen Gesprächspartner dafür gefunden. Die Geschwister haben sicherlich öfters darüber gesprochen und auch schon immer. Aber seit seinem Rentenalter ist das eigentlich sehr präsent geworden. Als ich noch jung war, da war das nicht so. Da waren die Kinder auch nicht dabei, wenn die Erwachsenen sich unterhalten haben." (Jg.68/SH/m)*[122]

> *„Ich hab nichts vergessen. Ich kann das auch nicht verstehen, dass manche nichts mehr wissen. Ich kann von unserem Haus erzählen, von allem. Wenn ich jetzt mit meinen Kindern spazieren gehe, sag ich zu meiner Tochter: Guck mal, so war auch unser Obstgarten eingezäunt... Guck mal, das ist wie mein Geburtshaus, diese dunklen Häuser mit den kleinen weißen Fensterchen. Da hat doch ein Fenster acht Scheiben mit lauter Ecken. So war unser Haus, die Tür mit solchen dicken schmiedeeisernen Nägeln zusammengenagelt." (Jg.23/MV/w)*[123]

Es gibt auch die, denen die Erinnerungen immer noch zu schmerzhaft erscheinen, die lieber nicht sprechen wollen. Manche haben dasselbe erlebt wie ihre Geschwister, aber in einem anderen Alter, vielleicht mit einer anderen Rolle innerhalb des familiären Gefüges.

„Mein älterer Bruder, Jahrgang 35, der hat sich zu diesen Themen nicht gerne geäußert. Alles was mit Flucht zu tun hatte. Der war zweieinhalb Jahre älter als ich und der hat mehr aufgenommen als ich. Ihn hat das eigentlich eher belastet. Er hat kaum darüber gesprochen. Ich hätte gerne mehr erfahren, weil der Radius von meinem Gedächtnis ist nicht besonders groß... Wir drei Brüder haben uns noch vor ein paar Jahren ein Wohnmobil gemietet und sind nochmal nach Polen gefahren und haben die Försterei aufgesucht und die Försterei meines Großvaters und haben versucht, den Fluchtweg nochmal zurückzufahren... Als wir in den Bereich der Försterei kamen, wusste mein Bruder schon drei Kilometer vorher wo er ist und kannte sich aus. Und das war für mich noch fremd. Mein Radius war kleiner, vom Gedächtnis her. Das war eine interessante Feststellung für mich, das eben doch so ein Altersunterschied schon eine ganze Menge ausmacht." (Jg.38/SH/m)[124]

„Es ist auch unterschiedlich selbst zwischen uns Geschwistern. Jeder hat das anders erlebt, nicht erlebt, überlebt, nein überlebt auch nicht, verarbeitet. Man muss sich ja immer hineindenken. Als Kind bist du auf einmal in einem toten Raum, der keine Fenster hat und die Bomben fallen. Das nimmt ein Kind mit, auch wenn man denkt, die haben das nicht so mitbekommen. Das ist Quatsch. Die haben das so aufgenommen, dass die jahrelang danach noch zu tun hatten. Ich weiß, meine Schwester zum Beispiel, gut, jetzt löst sich das auch alles, aber es dauert. Und daran denk ich immer, wie schnell Menschen zum Therapeuten gehen und damals hätten wir (lacht), damals gab es gar keine Therapeuten. Es gab einfach keine. Man musste selbst klarkommen, egal wie, was du hast, du musst selbst damit klarkommen." (Jg.34/SH/m)[125]

Therapeutische Angebote, wie sie heute üblich sind, gab es in der Nachkriegszeit weder in Ost- noch in Westdeutschland. Dass auch Kinder mit den Erlebnissen jahrelang, manchmal bis ins hohe Alter beschäftigt sein könnten, galt als unwahrscheinlich. Die Erwachsenen teilten die Erinnerungen untereinander, die Kinder erfuhren manches aus ihren Gesprächen. Doch als Kinder lebten sie vor allem in der Gegenwart. Dass es Unterschiede zwischen ihnen und den Einheimischen gab, wurde den meisten immer wieder deutlich. Ihr Ziel war, möglichst schnell dazuzugehören, eine ganz normale Existenz zu führen: sich von den Eltern lösen, einen Beruf erlernen, heiraten, Kinder erziehen. Je weniger der Alltag sich von dem der Einheimischen unterschied, desto weniger Gründe gab es, sich erzählend an die erlittenen Entbehrungen und Schrecken zu erinnern. Als die eigenen Kinder alt genug gewesen wären, um zu fragen, wussten sie oftmals gar nicht mehr wonach.

Nicht nur die eigene familiäre Vergangenheit verschwand in den 1960er und 70er Jahren zunehmend im Niemandsland des Nicht-Erinnerns. Parallel dazu verschoben sich die Rahmen des kollektiven Gedächtnisses. In der DDR drehten sich die politischen Auseinandersetzungen zu dieser Zeit ohnehin mehr um die gegenwärtigen Machtverhältnisse als um die Vergangenheit. Flucht und Vertreibung waren im Allgemeinen eher Randthemen. Stattdessen dachten Menschen darüber nach, wie ihnen angesichts fest verschlossener Grenzen eine Flucht in das andere Deutschland gelingen könnte.

In der Bundesrepublik vollzog sich ein Umbruch vom Vergessen und Beschweigen zum Erinnern an die nationalsozialistischen Verbrechen – mit einem beinahe umgekehrten Effekt im Hinblick auf Flucht und Vertreibung. Zumindest mehrten sich die Stimmen, die das weit verbreitete Opfernarrativ kritisch hinterfragten und auf eine moralische Umkehr drängten.

Schweigen über Schuld und Scham

Nach traumatischen Erfahrungen und schlimmer Vergangenheit ist das Verstummen keine Lösung, aber vielleicht eine erste Rettung. Peter Suhrkamp schreibt 1946 in ***Brief an einen Heimkehrer***: „Mir fällt auf, dass die meisten aufgehört haben, von ihren Geschicken zu sprechen oder zu erzählen; so viel haben sie schon erduldet, dass sie Schweigen schätzen und es üben. Die laute Verzweiflung als bequeme Erlösung, sie ist fast verstummt."[126]

Der Eindruck von Hannah Arendt zeigt die Schattenseite dieses Verstummens. Sie war bei einem Besuch in Deutschland 1950 irritiert, dass der Alptraum von Zerstörung und Schrecken nirgendwo weniger verspürt wird als in Deutschland: „Überall fällt einem auf, dass es keine Reaktion auf das Geschehen gibt, aber es ist schwer zu sagen, ob es sich dabei um eine irgendwie absichtliche Weigerung zu trauern oder um den Ausdruck einer echten Gefühlsunfähigkeit handelt. Inmitten der Ruinen schreiben die Deutschen einander Ansichtskarten von den Kirchen und Marktplätzen, den öffentlichen Gebäuden und Brücken, die es gar nicht mehr gibt. Und die Gleichgültigkeit, mit der sie sich durch die Trümmer bewegen, findet ihre genaue Entsprechung darin, dass niemand um die Toten trauert; sie spiegelt sich in der Apathie wieder, mit der sie auf das Schicksal der Flüchtlinge in ihrer Mitte reagieren oder vielmehr nicht reagieren."[127]

Apathie vereinnahmt die gesamte Person, auch das ihr eigene Leid. Aber im Zweifelsfall war es offenbar präsent genug, um gegen das Leid der anderen aufgerechnet zu werden. Als Hannah Arendt ihre Gesprächspartner damit konfrontierte, dass sie Jüdin ist, folgte „in der Regel eine kurze Verlegenheitspause" und danach keine persönliche Frage, sondern „eine Flut von Geschichten, wie die Deutschen gelitten hätten (was sicher stimmt, aber nicht hierhergehört)"[128].

Was sich in diesen Momenten zeigte, war keine bzw. nicht nur allgemeine Gefühlskälte, sondern genau genommen Abwehr von Verantwortung und Schuld. An eigenes Leid und erlittenes Unrecht zu erinnern, wirkte nun seinerseits wie ein Schutzschild. Das direkte oder indirekte Beteiligtsein an den Taten des Naziregimes konnte dahinter verschwinden. Eine Konfrontation damit wäre angesichts des unvorstellbaren Ausmaßes der Verbrechen eine Zumutung im wahrsten Sinne des Wortes gewesen: Es hätte großen Mut erfordert, derart ehrlich zu sein und einen schonungslosen Blick in den Spiegel zu wagen. Es gab kaum ein Fundament, auf dem ein solcher Mut noch hätte stehen können: die Ruinenlandschaften waren nicht nur äußerlicher Natur. Die Sehnsucht nach Normalität war stark, viel stärker als die ohnehin kaum entwickelte Bereitschaft, sich selbst und das eigene Tun kritisch zu hinterfragen.

Was im Innersten der Menschen vor sich ging, lässt sich schwer sagen. Deutlich ist, dass es etwas abzuwehren galt, was bedrohlich schien. In vielen war die Zerrissenheit möglicherweise weitaus größer als es nach außen hin den Anschein hatte. Autobiographische Zeugnisse aus der Nachkriegszeit belegen, dass nicht nur Soldaten der Wehrmacht zum Ende des Krieges in innere Konflikte gerieten. Einerseits wurden die verbrecherischen Seiten des Systems immer offensichtlicher, andererseits verhinderten die verinnerlichten nationalsozialistischen Wertvorstellungen eine klare Ablehnung dieser Verbrechen. Das eigene Leiden, die eigenen Wunden waren untrennbar mit einem Schuldgefühl verbunden, gesellschaftlich wie auch auf sehr individuelle Weise.[129]

Opfersein und Täterschaft waren kaum voneinander zu trennen. Damit mussten beide deutsche Staaten einen Umgang finden. Um die vielfältigen Formen der Täterschaft gesellschaftlich nicht reflektieren zu müssen, wiederholten sie dieselbe Geste, die Hannah Arendt so irritiert hatte: Sie suchten die Schuld bei den Anderen. Die einen bei den ehemaligen Nazis im Westen, die aufs Neue entscheidende Positionen in Politik, Justiz und Wirtschaft besetzten. Die anderen bei den Kommunisten im Osten, deren repressive Politik, Aufmärsche und Fackelzüge einen demokratischen Neuanfang diskreditierten.

Über die persönliche Vergangenheit des Einzelnen breitete sich in beiden deutschen Staaten ein Mantel des Schweigens. Ob Ost oder West – die Menschen waren dieselben, die vor nicht allzu langer Zeit den nationalsozialistischen Überzeugungen begeistert gefolgt waren oder sie schweigend geduldet hatten. Dass sich diese Überzeugungen über Nacht verändern könnten, glaubte niemand der politisch Verantwortlichen. So verwundert es nicht, dass beide deutsche Staaten nach ihrer Gründung zunächst auf ganz ähnliche Weise – wenn auch unter politisch anderen Vorzeichen – agierten. Die nationalsozialistische Vergangenheit wurde von der eigenen Gesellschaft strikt getrennt. Es galt, die Menschen in die neuen Systeme zu integrieren. Unter die Vergangenheit sollte ein Schlussstrich gezogen werden im Tausch gegen eine Bewährung in der Gegenwart: Absolution gegen Loyalität. Realpolitisch gesehen war eine solche Integrationspolitik wahrscheinlich ohne Alternative. Zumindest hätte das Entstehen einer starken Opposition durch die alten Eliten die äußerst jungen fragilen Staaten existenziell gefährden können. Auf einen Versuch wollte es niemand ankommen lassen, weder hüben noch drüben. Solange die Bevölkerung still hielt und der Umgang mit der Vergangenheit sich mit den tagespolitischen Zielen deckte, stand dem Aufbau des Staates nichts im Wege.

Für die Kommunisten lag im Aufbau des Sozialismus die einzig nachhaltige Strategie gegen einen neuerlichen Krieg. Das Nachdenken über persönliche Schuld stand nicht auf der Tagesordnung. Für die nationalsozialistischen Verbrechen wurde eine kleine Gruppe überzeugter ***Faschisten*** und ihre sogenannten ***Hintermänner***, Großgrundbesitzer und Unternehmer, verantwortlich erklärt. Dem Bedürfnis vieler Deutscher kam es entgegen, sich als Opfer der Politik einer bösen Elite zu fühlen. Schuld und Verantwortung wurde – wie auch im Westen – an Einzelne delegiert. So konnte die breite Masse sich darauf zurückziehen, verführt worden zu sein und nur Gehorsam geleistet zu haben.

Das Integrationsangebot der DDR lautete: Wer sich tatkräftig zum antifaschistischen Staat bekennt, darf über seine Vergangenheit schweigen. Einsicht und Wandlung schienen vorausgesetzt, sofern dem Staat gegenüber Loyalität bekundet wurde. Ob diese Loyalität echt war oder nur vorgetäuscht blieb zweitrangig. Über widersprüchliche Erinnerungen wurde öffentlich geschwiegen und auch in der Familie zumeist nur hinter vorgehaltener Hand oder gar nicht gesprochen. Die Reibungsfläche verkleinerte sich dadurch erheblich.

Doch die Erinnerungskultur erstarrte so zum ***Totenkult,*** wie Heiner Müller es nannte. Sie war – nicht zuletzt durch den antifaschistischen Gründungsmythos der DDR – auf ewig den Toten verpflichtet, geprägt durch einen schier unüberwindbaren Schuldkomplex, der keinen Platz für die Widersprüche, die alles Lebendige kennzeichnen, ließ.

Auch den Machthabern im anderen Deutschland erschien es zu gefährlich, widersprüchliche Erinnerungen zuzulassen. Für die Anfänge der Bundesrepublik sprach der Philosoph Hermann Lübbe von einer gewissen Stille, einem absichtsvollen Schweigen. Es habe Zukunft ermöglicht, weil es das Vergangene ruhen ließ.[130] Nicht von etwas Geheimem wurde geschwiegen, sondern von etwas, was alle erlebt hatten. Wenn die ehemaligen Nazis ihre Überzeugungen in der Öffentlichkeit zurückhielten, warfen die Anti-Nazis ihnen nicht vor, was sie wussten. Die Hauptsache war, alle bekannten sich – ob aus Opportunismus oder Überzeugung – zum neuen Staat. Schuldzuschreibung und Festhalten einer früheren Identität, aber auch gesellschaftliche Konflikte wurden damit vermieden. Eine explizite moralische Umkehr war nicht notwendig. Etablierte Hierarchien und Machtstrukturen blieben weitestgehend unangetastet. Das bekamen vor allem die jüdischen Opfer und andere Gruppen wie Sinti und Roma zu spüren, die lange Zeit vergeblich um ihre Anerkennung kämpften. An der repressiven und auf Schweigen bedachten Politik scheiterten letztlich auch eine Reihe von Rückkehrern aus dem Exil.[131]

Die Gesellschaft funktionierte, indem sie sich pauschal von der Vergangenheit distanzierte. Über das, was das NS-Regime angerichtet oder der Einzelne dazu beigetragen hatte, wurde ein Mantel des Schweigens gebreitet. Zwei Generationen später fragt Christian Meier in seinem Essay über ***Das Gebot des Vergessens und die Unabweisbarkeit des Erinnerns*** danach, wie jeder Einzelne und eine ganze Gesellschaft mit so großer Scham und Schuld hätten leben können. „All das, was man bei einigem Anstand und Verantwortung von sich zu halten hat, war beeinträchtigt gewesen. Und viele haben sich doch auch geschämt (dass sie das mit polternden Unschuldsbeteuerungen kompensierten, ändert nichts daran). Sollten, konnten sie dem nachgeben? Sollten, konnten sie es nach außen dringen lassen? Wie hätten sie, derart entlarvt, miteinander weiterleben wollen? Wie sich aufeinander verlassen? Wie sich gegenseitig befragen und allesamt sich in Frage stellen lassen?“[132]

Im gemeinsamen Schweigen sieht Meier eine Form des Miteinanders, eine starke Verbindung, eine Voraussetzung für das neu zu begründende Zusammenleben. Wer es gewagt hätte, sich zu den außerordentlichen Verbrechen zu äußern und zu bekennen, wäre isoliert gewesen. Und auch von außen verlangte kaum jemand mehr als die klare Distanzierung vom Nationalsozialismus. Stärker als an einer schonungslosen Aufarbeitung waren die Alliierten an der Verteidigung ihrer Welt interessiert. Im Zuge des Antitotalitarismus stand die Bundesrepublik alsbald an ihrer Seite. Auf der anderen Seite standen Hitler und Stalin.[133]

In den USA entschied der Militärgeheimdienst im Sommer 1945 – zunächst gegen den Willen des Außenministeriums, das für Bestrafung plädierte –, deutsche Kriegsverbrecher und Wissenschaftler für sich arbeiten zu lassen. Sie waren nützlich für den nächsten Konflikt, den Kalten Krieg gegen die Sowjetunion. Der Bedeutendste von ihnen war Wernher von Braun, NSDAP-Mitglied, SS-Hauptsturmführer und Konstrukteur der V2-Rakete. Alsbald arbeitete er für die Army, dann für die NASA. Auch die anderen 1 600 Wissenschaftler, die die USA ins Land geholt hatte, unter ihnen Kriegsverbrecher, Ärzte, die Menschenversuche durchgeführt und Chemiker, die Giftgas für die Wehrmacht entwickelt hatten, begannen dort ein neues Leben. Es gab also auch hier handfeste Interessen, die wichtiger waren als die Aufarbeitung der Vergangenheit.[134]

Wie schon beschrieben begründeten neben politischen und wirtschaftlichen Erwägungen verschiedene psychische Abwehr- und Überlebensmechanismen das weit verbreitete Schweigen. Alexander und Margarete Mitscherlich verwiesen auf ***Die Unfähigkeit zu trauern*** – so der Titel ihres 1967 erschienenen Klassikers. Aus psychoanalytischer Sicht beschreiben sie Adolf Hitler als „kollektives Ich-Ideal“, eine Person, an die die Mehrheit sich anlehnte, die die eigenen kindlichen Allmachtsphantasien verkörperte. Sein Tod und die Niederlage Deutschlands habe für all jene, die an ihn geglaubt hatten, eine Entwertung seiner wie auch ihrer eigenen Person bedeutet. Wer diese Erniedrigung vermeiden wollte, musste die Nazivergangenheit verleugnen, vergessen, verdrängen. „Die Unfähigkeit zur Trauer um den erlittenen Verlust des Führers ist das Ergebnis einer intensiven Abwehr von Schuld, Scham und Angst. (...) Erst in zweiter Linie folgt die Abwehr der Trauer um die zahllosen Opfer der Hitlerschen Aggression – einer Aggression, die wir so willig, so widerstandsschwach mit ihm teilten.“[135]

Angesichts der erfahrenen Erniedrigung interpretieren sie die Abwehr von Schuld und Scham als „Notfallreaktionen, Vorgänge, die dem biologischen Schutz des Überlebens sehr nahe“ sind. Daher sei es nicht verwunderlich, dass es direkt nach dem Zusammenbruch die moralisch gebotene Trauer um die Opfer der nationalsozialistischen Verbrechen nicht gab. Dass es sie auch späterhin lange nicht gab, erkläre sich aus der Verleugnung einer Vergangenheit, deren Wirklichkeit für das Ich zu beschämend sei.[136] Die Reaktionen auf den Kniefall Willy Brandts in Warschau könnten diese These belegen. Noch 1970 hielten 48 Prozent der Bundesbürger diese Geste für übertrieben, 41 Prozent allerdings auch für angemessen.[137]

Die weit verbreitete Gleichgültigkeit oder Gefühlsabwehr bezog sich vor allem auf das Leid der Anderen. Sich an die eigenen durch Krieg, Flucht und Vertreibung erfahrenen Verluste zu erinnern und sie zu beklagen, gehörte für viele durchaus zum Alltag. Erinnerungen, die mit Scham und Schuld besetzt waren, wurden hingegen eher verdrängt und beschwiegen. Das betraf auch Erfahrungen von selbst erlittenem Unrecht und Gewalt. Die meisten der unzähligen vergewaltigten Frauen beispielsweise haben Jahrzehnte, manche auch ein Leben lang aus lauter Scham mit niemandem darüber gesprochen.

Aufstand gegen das Schweigen

In den 1960er Jahren vollzog sich in der Bundesrepublik ein gesellschaftlicher Wandel, dem ein wachsender wirtschaftlicher Wohlstand und eine liberaler werdende politische Kultur zugrunde lagen. Kontroversen um die nationalsozialistische Vergangenheit bargen nun keine existenzielle Gefahr mehr. Sie polarisierten die Gesellschaft zunächst, brachen letztlich aber den Konsens des Schweigens. Die drei Frankfurter Auschwitz-Prozesse zwischen 1963 und 1968 dokumentierten nüchtern das Grauen der Vernichtungslager. Seitdem glaubten nur noch wenige, die Bilder aus den befreiten Konzentrationslagern seien Propaganda der Alliierten gewesen. Die revoltierenden 68er knüpften an diese Auseinandersetzungen an. Sie bedrängten nicht nur ihre Professoren, sondern auch ihre Eltern mit kritischen Fragen. Plötzlich stand die NS-Vergangenheit – nicht selten als unüberwindbare Mauer – zwischen den Generationen.
Die Studenten hatten ihre Lektion in einer zunehmend liberalen Kultur gelernt. Für sie galt Reden statt Schweigen als erste Bürgerpflicht. Mit gutem Recht forderten sie, die nationalsozialistischen Verbrechen endlich als Teil der eigenen Geschichte zu begreifen. Sie gehörten einer Generation an, die den Krieg nur vom Hörensagen kannte. Das machte es ihnen leicht. Sie waren empört, dass ihre Eltern vielfach zu den Befürwortern gehört und sich mit Schweigen aus der Verantwortung gezogen hatten. Auch die gesellschaftlichen Kontinuitäten, denen sie nicht nur an der Universität begegneten, forderten ihre Wut heraus. So wurden sie zu einer politischen Kraft mit einem moralisch fundierten Erneuerungsanspruch, der bis zum Äußersten gehen konnte. Es kam ihnen nicht in den Sinn, dass sie als Kinder dieser Eltern- und Großelterngeneration, die den Nationalsozialismus mindestens mitgetragen, wenn nicht sogar tatkräftig unterstützt hatte, etwas von all dem geerbt hatten, was sie so vehement ablehnten. Sie zogen keinerlei Verbindungen zwischen ihrem Handeln und ihrer Herkunft. Sie glaubten an den möglichen Bruch mit der Vergangenheit, an eine davon unbelastete Gegenwart. Doch die gab es nicht.

Die Radikalität und die rigide Moral, mit der die 68er aufbegehrten, führte zu biographischen und familiären Brüchen. Wieviel Vergessen unverzichtbar war und wann es allein der Entlastung diente – diese Frage stellten sich die 68er nicht. Hier zeigte sich eine Grenze des Verstehens zwischen zwei Generationen, die durch eine nicht zu vermittelnde Erfahrung getrennt waren. In den Augen der 68er gehörte die Generation ihrer Eltern und Großeltern eindeutig zu den Tätern und nicht zu den Opfern. Ihnen selbst erleichterte diese Sicht eine Abgrenzung als Nicht-Täter. Das auf deutscher Seite erfahrene Leid und erlittene Unrecht, z.B. durch den Verlust der Heimat, sahen sie als Kompensation oder sogar gerechte Bestrafung für begangene Verbrechen und Mitläufertum. Das Schweigen über Schuld und Scham angesichts der ungeheuerlichen Verbrechen bestätigte sie in ihrer radikalen Ablehnung eines solchen Umgangs mit der Vergangenheit.
Auch wenn die Gruppe der 68er letztlich klein war, schlug das Pendel zwischen Vergessen und Erinnern gesellschaftlich allmählich zur anderen Seite aus. Die Erinnerung an Flucht und Vertreibung galt in immer größeren Kreisen als revanchistisch, revisionistisch und rückwärtsgewandt. Wer vom Verlust der Heimat sprach, stand eindeutig auf der falschen Seite. Es war ein politischer Kampf und der Bezug auf die Vergangenheit einmal mehr zur Waffe geworden. Im Zusammenspiel mit der neuen Ostpolitik unter Willy Brandt sorgten die öffentlich wirksamen Proteste der 68er dafür, dass die heimatpolitischen Ansprüche der Vertriebenenverbände erheblich an Einfluss verloren. Es etablierte sich eine bis heute anhaltende Auseinandersetzung um die Frage, welcher Opfer wie zu gedenken ist.
Eine Alternative zum Beschweigen der Vergangenheit hatte in der Nachkriegszeit niemand gesehen bzw. gewollt. Für die Gesellschaft mag das Schweigen geboten und vielleicht nicht heilsam, aber befriedend gewesen sein. Eine Generation später galt: ***Wer schweigt, macht sich schuldig!*** (Ralph Giordano).[138] Das Schweigen erschien den Nachgeborenen nicht nur als zynisch angesichts der millionenfachen Opfer. Sie hatten mit dem Schweigen und der Erstarrung in den häuslichen Wohnzimmern leben müssen. Dem konnten sie nur ihren entschlossenen Ausbruch entgegensetzen.

Im Laufe der Zeit wurde deutlich, dass es mit einer Beendigung des Schweigens nicht getan war. Anstelle von Anklage und Abrechnung fiel der Blick zunehmend auf historische Zusammenhänge, die sich über mehrere Generationen erstreckten. Vor allem in der Literatur lässt sich beobachten, wie Geschichten erzählt werden, die das kollektive Gedächtnis und das familiäre Gedächtnis miteinander verbinden. Es war gar nicht immer eine andere Generation, die sich da zu Wort meldete. Es war vor allem eine andere Zeit, in der sich persönliche Verhärtungen und ideologische Dogmen auflösen konnten. Der Abstand zur Vergangenheit war groß genug, und die Gegenwart geprägt von der neuen Ostpolitik, die Wandel durch Annäherung anstrebte.

Die Öffnung gegenüber Geschichte und Geschichte zeigte sich auch in einer Kehrtwende beim fachlichen Blick in die Vergangenheit. Seit den 1970er Jahren wuchs das Interesse an einer Aneignung der Geschichte ***von unten***. Experten, aber auch Laien, erforschten lokale Geschichten, die den Alltag, die Erfahrungen und den Einzelfall in den Blick nahmen. Die Fremdheit gegenüber der eigenen Geschichte löste sich so allmählich immer mehr auf. Plötzlich war das Historische nicht nur das Vergangene, sondern reichte bis in die Gegenwart, das eigene Lebensumfeld. Die Debatten wurden vielschichtiger, andere Opfergruppen wahrgenommen. Eine Richtungsänderung deutete sich an. Geschichtspolitische Interessen, der Ost-West-Konflikt und die Rücksicht auf die ehemals Involvierten waren damit noch lange nicht überwunden. Eine fragwürdige Identifikation mit den jüdischen Opfern und verstärkte emotionale Betroffenheit, die der Erkenntnis nicht immer dienlich waren, breiteten sich aus. Außerhalb der Geschichtswissenschaft wollte nach wie vor niemand glauben, dass der Nationalsozialismus nicht nur durch Terror und Repression funktioniert hatte. Die entlastende Wirkung solcher Klischees hielt sich hartnäckig, auch wenn die allgemeine Aufmerksamkeit für lange beschwiegene Themen inzwischen bemerkenswert groß war.[139]

In der DDR gab es weder eine nennenswerte Debatte in der Öffentlichkeit noch eine ergebnisoffene Geschichtsaneignung von unten. Konflikte zwischen den Generationen entzündeten sich eher an kontroversen Haltungen zur Gegenwart als zur Vergangenheit. Die Verbrechen im Rahmen des Vernichtungsfeldzuges gegen die Sowjetunion hatten einen festen Platz in der offiziellen Erinnerungskultur. Dafür gab es lange Zeit andere blinde Flecken wie den Holocaust, den nicht-kommunistischen Widerstand, Flucht und Vertreibung.

Da das Erinnern an Faschismus und kommunistischen Widerstand stark mit dem staatlichen Gründungsmythos verflochten war, standen individuelle Zugänge und Initiativen stets unter Verdacht, staatsfeindlich zu sein. Erste zaghafte Versuche im Umfeld der Kirche ab den 1970er Jahren, andere Formen des Erinnerns zu praktizieren, hinterließen in der Öffentlichkeit kaum Spuren. Erst in den 1980er Jahren begann die immer noch um internationale Anerkennung ringende DDR den Holocaust zu thematisieren und Debatten innerhalb der Parteistrukturen zuzulassen.

Für das gut bewachte Feld der Schulpolitik waren die beginnenden Auseinandersetzungen zu träge.[140] In den Schulbüchern wurde die Geschichte mit jeder Neuauflage immer schematischer und eineindeutiger dargestellt, von verschiedenen Perspektiven, den Dilemmata von Tätern und Opfern keine Spur. In anderen Bereichen wie der Literatur war die Erinnerungskultur da schon fortgeschrittener. 1985 erschien ein Roman der 1935 in Legnica alias Liegnitz geborenen Ursula Höntsch ***Wir Flüchtlingskinder***. Verleger und Autorin hatten den Titel bewusst gewählt und keine nennenswerten Schwierigkeiten, ihn durchzusetzen. Es war nicht der erste und einzige Roman, in dem dieses lange beschwiegene Thema zur Sprache kam. Dennoch reagierten etliche Leser nahezu dankbar auf das Erscheinen des Buches. Sie erinnerten sich an ihre eigene Vergangenheit in Liegnitz und freuten sich ausdrücklich, dass „lange Ungesagtes nun hierzulande sagbar geworden ist“.[141] Die Autorin wusste um die Folgen der langen Sprachlosigkeit, „die zu überwinden viele erst wieder lernen müssen. Auch ich.“[142] Es verwundert nicht, dass ihr vor allem ältere Leserinnen und Leser schrieben. Vor allem sie hatten es schmerzlich vermisst, ihre Geschichten frei heraus erzählen zu können und Ähnliches von anderen zu hören.

Die Abwesenheit der Täter

Trotz allem erinnerungspolitischen Tauziehen zwischen den Systemen, trotz zunehmender Öffnung hier und ängstlichem Beharren dort – die Geschichten, die in den Familien über die Zeit des Nationalsozialismus erzählt werden, sind Geschichten von Opfern, manchmal auch von Helden.[143] Von Tätern aus dem Kreis der Familie ist so gut wie nie die Rede. Täter waren eigentlich immer die Anderen. Sie gehören auf jeden Fall nicht zum engeren ***Wir***, zu der Gruppe, dem Familienkreis, mit dem der Einzelne sich identifiziert. Insbesondere das aktive Beteiligtsein der Väter und Großväter an Krieg und nationalsozialistischen Verbrechen verschwindet bis heute oft in undurchsichtigem Nebel. Da war in den von mir geführten Interviews kein Unterschied zwischen alten und neuen Bundesländern festzustellen. Über Flucht und Vertreibung werden kleine Geschichten erzählt. Über die Väter oder Großväter in der Wehrmacht oder in der SS fallen einzelne Sätze. Sie zeugen von Unwissen, aber auch von einer gewissen Scheu, mehr zu erfahren. Sie versuchen zu rechtfertigen, was mit dem eigenen Bild von der Familie nicht zusammenpasst.

> *„Meine Mutter ist Tochter einer Wäschereifamilie... und mein Vater hat da zeitweise als Wäschefahrer gearbeitet, war aber gelernter Baumschulgärtner. Und wollte eigentlich so was auch immer machen. Und dann irgendwie Krieg und hin und her und dieses ganze Gedöns und hat dann hinterher tatsächlich versucht, eine Baumschule aufzumachen und hat die dann dem Alkohol geopfert.“ (Jg.59/SH/m)*[144]

> *„Mein Vater war Nationalsozialist als Beamter, gar kein Thema. Er musste, das war ja damals Voraussetzung. Er hatte schon Familie bevor er in die Partei ging und hatte seinen Forstberuf erlernt und stand vor dem Zwang, nicht in die Partei zu gehen und dann nicht als Förster tätig sein zu können. Auf den Rat seines Vaters, der auch Forstbeamter war, ist er in die Partei gegan-*

gen. War halt so und das war wahrscheinlich bei Millionen so, Lehrern, allen die im öffentlichen Dienst waren." (Jg.38/SH/m)[145]

„Wir wussten väterlicherseits, dass das alles Berliner Sippschaft ist. Ich weiß, Urgroßvater muss Schuster gewesen sein und der muss auch russisch gesprochen haben... Meine Großväter waren beide im Krieg, waren beide in Stalingrad, sind beide noch rechtzeitig rausgekommen." (Jg.68/MV/m)[146]

„Mein Vater hat über den Krieg ganz wenig erzählt. Ich weiß zwar, wo er ab und an mal war. Und er hat auch 45, also er muss desertiert sein, wenn ich das aus den Gesprächen jetzt mal im Nachhinein so betrachte. Er hat das nie gesagt. Aber sie sind praktisch über die Kurische Nehrung und über die Ostsee gekommen, sind irgendwo in Kiel oder Lübeck an Land und sind von da zu ihrer Tante nach Wolfsburg, mit seinem Cousin zusammen. Da sind sie aufgeschlagen im Februar. Also gehe ich mal davon aus, im Februar da müssen sie desertiert sein, anders geht das ja gar nicht. Da waren sie ja noch mitten im Kampfgebiet. Er hat da nie drüber gesprochen... Er hat Tagebuch geführt und ich habe die ganzen Tagebücher von 1933 an, da hat er alles, was wichtig war, so als kurzes Ereignis oder wo Frontlinien langliefen, das hat er alles aufgeschrieben. Das geht aus diesen Tagebüchern hervor. Aber ich habe sie noch nicht gelesen. Vielleicht ergibt sich daraus was. Aber gesprochen hat er nie darüber." (Jg.55/MV/w)[147]

„Ich bin 1968 entlassen aus der Schule und ich muss sagen, dass ich bis dahin weder durch meine Familie noch durch die Schule irgendetwas erfahren habe von diesem Thema (Nationalsozialismus, Krieg, Flucht und Vertreibung; Anm.d.Verf.). (...) Das ist ganz merkwürdig. Ich habe mit meinem Mann auch später immer mal darüber gesprochen. Er weiß ganz viel. Er hat ganz viele Erinnerungen auch an Erzählungen usw. Ich weiß gar nichts. Bei unserer Familie war das kein Problem. Also mein Vater ist noch

irgendwo im Krieg gewesen, aber ich habe keine Ahnung, was dahinter steckt. Es ist auch nie darüber gesprochen worden. Mein Schwiegervater, der hat mal so ein bisschen erzählt, aber dann auch wieder abgebrochen, konnte nicht weiter darüber sprechen. Der ist in Russland glaube ich noch irgendwo gewesen. Auf mein Drängen und Bitten hin hat er das mal zu Papier gebracht. Er lebt inzwischen schon neun Jahre nicht mehr, aber ich hab es bis heute nicht geschafft, mir das vorzunehmen und zu lesen." (Jg.52/SH/w)[148]

Es gibt Zeugnisse, in denen nachzulesen wäre, was einer erlebt hat. Sie bleiben ungelesen, obwohl sie erbeten waren. Zu groß scheint die unbewusste Angst, etwas zu erfahren, was einen unlösbaren Konflikt heraufbeschwören könnte. Menschen, die zur Familie gehören, denen wir uns zugehörig fühlen, die Teil unserer inneren Heimat sind, könnten etwas Böses getan haben. Wie wäre das auszuhalten ohne äußeres Zerwürfnis oder innere Zerrissenheit? Das Schweigen, das Nicht-Wissen-Wollen schützen vor eben dieser Gefahr einer Zerreißprobe, an der etwas zerbrechen könnte, was nie wieder heil wird. Der Preis, der dafür gezahlt wird, ist kein sichtbarer. Vielleicht zeigt er sich am ehesten in einer gewissen Unruhe, weil da eine Ahnung ist, die immer wieder zum Schweigen gebracht werden muss. Im besten Fall mündet sie in ein Engagement für Andere, gegen Ausgrenzung und Abschottung – eine Art der eigentlich unmöglichen ***Wiedergutmachung***, die nicht die schlechteste ist.
In welcher Gesellschaft einer auch aufwächst: Das familiäre Gedächtnis und die innerfamiliären Beziehungen wirken wie ein Filter für die in der Öffentlichkeit erzählten Geschichten. Wenn sie der Bestätigung des Familienzusammenhalts dienen und der in der Familie erzählten Geschichte entsprechen, oder im Gegenteil zur Opposition gegen die Familie in Stellung gebracht werden, finden sie Eingang in das individuelle Erinnern. Ansonsten siegt das Vergessen oder eine Trennung zwischen der Familiengeschichte und der kollektiven Erinnerung an die Vergangenheit. Im Zweifelsfall ist das eigene Bild, die eigene Erfahrung mit der geliebten Großmutter oder dem

geliebten Vater prägender als das Wissen um historische Tatsachen. Und selbst dort, wo das Verhältnis zu den Eltern oder Großeltern von Zerwürfnissen oder Kritik geprägt ist, gibt es das starke Bedürfnis nach Entlastung von einer Schuld, die angesichts der Verbrechen ungeheuerlich und nicht zu tragen ist. All diejenigen, die ihren Vater nicht mehr wiedersahen, weil er im Krieg gefallen oder in der Gefangenschaft gestorben war, fragten erst recht nicht danach, was er erlebt und getan haben mochte. Der Verlust und die Trauer waren für solche Fragen zu groß, die Loyalität der Familie gegenüber ein Teil der Überlebensstrategie.

Individueller und kollektiver Umgang mit der Vergangenheit sind kaum voneinander zu trennen. Vom Ausland als Täternation stigmatisiert, verstanden sich die Deutschen selbst sich vor allem als Opfer, zumindest in den ersten zwei Nachkriegsjahrzehnten. In dem einen Teil Deutschlands waren sie Opfer einer Diktatur, die die Menschen verführt und gezwungen hatte. In dem anderen Teil Deutschlands funktionierte die Schuldabwehr noch darüber hinaus; in der BRD wurden Flucht und Vertreibung lange Zeit als Teil sowjetischer Expansionsbestrebungen interpretiert.

Während das durch die Bombardierungen und die Übergriffe feindlicher Soldaten entstandene Leid in Deutschland hervorgehoben wurde, schwieg man über die schweren Kriegsverbrechen deutscher Soldaten, vor allem über die in Osteuropa, lange Jahrzehnte.[149] Dieser blinde Fleck zeichnete die kollektive wie die individuelle Erinnerung gleichermaßen. Er hielt sich weitaus hartnäckiger als die kollektive Verdrängung des Holocaust. Eine Erklärung dafür mag sein, dass weitaus mehr Väter und Großväter an den durch die Wehrmacht verübten Verbrechen direkt beteiligt waren. Eine weitere Erklärung wäre, dass die Armee – und auch die Wehrmacht – aus vorangegangenen Epochen ein hohes Sozialprestige genoss, das den Zweiten Weltkrieg noch lange überdauerte. Und schließlich trugen in der Gesellschaft fortwirkende antibolschewistische und antikommunistische Stereotypen das ihre dazu bei, vor allem die Verbrechen in Osteuropa und Russland jahrzehntelang zu ignorieren oder herunterzuspielen.

In Mittel- und Westeuropa reichen die historischen Wurzeln des fast ausschließlich negativen Bildes von ***den Russen*** bis ins Mittelalter zurück. Anknüpfend an ältere Überlieferungen wurde schon im Kaiserreich ein Feindbild von den Russen als ***Barbaren*** produziert. In der Weimarer Republik konnte dann die Angst vor dem Bolschewismus auf die Rhetorik vom unzivilisierten Osten zurückgreifen. Diese Ressentiments steigerten sich in der NS-Zeit zu extremen Zerrbildern vom ***russischen bzw. slawischen Untermenschen***. Nach dem Krieg wurden diese Bilder reaktiviert. Im öffentlichen Diskurs der Bundesrepublik wurden die Vergewaltigungen durch die Rote Armee instrumentalisiert und gegen den kommunistischen Feind ausgespielt. Die im kollektiven Gedächtnis fest verankerten Bilder von den ***barbarischen*** und ***primitiven*** Russen tauchen bis heute in Zeitzeugeninterviews, aber auch in öffentlichen Diskursen bis hin zur wissenschaftlichen Forschung immer wieder auf. Innerfamiliär werden die Bedrohung und Vergewaltigung von Frauen im Umfeld des Krieges nach wie vor kaum direkt kommuniziert, verstärken aber die lang gewachsenen Ressentiments, und werden als Einstellungen weitergegeben.[150]

Das Leid in den osteuropäischen Ländern, allen voran in Polen und der Sowjetunion, besetzt in der kollektiven Erinnerung immer noch die hinteren Plätze. Die Wehrmacht beging in Osteuropa planmäßig millionenfache Kriegsverbrechen. Dafür wurden das Völkerrecht, die Genfer Konventionen und sonstige Rechtsnormen außer Kraft gesetzt. Sie führte zusammen mit der SS einen Vernichtungskrieg gegen die slawischen Völker. All das ist weitaus weniger im kollektiven Gedächtnis des Westens verankert als der Holocaust.

Die Dimensionen der Verbrechen sind von jenem erschreckenden Ausmaß, das die menschliche Vorstellungskraft übersteigt: Misshandlungen, Massenmorde, das geplante Verhungernlassen von Zivilisten – allein 900 000 Tote während der 872 Tage währenden Leningrader Blockade – und die Misshandlungen der 3,7 Millionen osteuropäischen Kriegsgefangenen. Die Zahl der durch Wehrmacht und SS in Osteuropa begangenen Vergewaltigungen wird auf bis zu zehn Millionen geschätzt. Von ihnen ist so gut wie nie die Rede, wenn völlig zu Recht über die bis zu zwei Millionen, durch die Rote Armee und andere Besatzungsmächte vergewaltigten Frauen gesprochen wird. Insgesamt wurden in Polen fast sechs Millionen Menschen getötet, in der Sowjetunion 27 bis 37 Millionen, ein Drittel etwa waren Soldaten, alle anderen Zivilisten.[151]

In der DDR war die Spannung zwischen der kollektiven Erinnerung an eben diese Verbrechen der Deutschen in Osteuropa und dem individuellen Bedürfnis nach Entlastung anders gelagert. Angesichts der Thematisierung der NS-Verbrechen in Schule, Literatur, Film und Fernsehen war ein schwierig zu bewältigender Spagat vonnöten. Öffentlich war von einer kollektiven Schuld die Rede, die individuell in verschiedenem Maße nicht zu leugnen war und doch abgewehrt werden wollte. Hinzu kamen Leiderfahrungen, die nicht ausgesprochen werden durften und so den Konflikt zwischen emotionaler und historischer Wahrheit noch verschärften. Flucht und Vertreibung gehörten ebenso dazu wie die Vergewaltigungen durch sowjetische Soldaten. Exemplarisch für viele, die den Krieg am eigenen Leibe erfahren hatten, ist Christa Wolfs Versuch, ihre Fluchterfahrung literarisch zu verarbeiten. Dieser Versuch, erlebtes Leid in Einklang zu bringen mit der späteren Einsicht in die Umstände, die zu Flucht und Heimatverlust führten, bewegt sich auf einem schmalen Grat. Die Bilder über die Vergangenheit bleiben auch hier in einem Widerspruch gefangen. „Opfer- und Täteridentität verschmelzen in der Perspektive eines ‚schuldlos Schuldigen'".[152]

Wie verlockend in einer solchen Situation eine ausschließliche Selbstwahrnehmung als Opfer ist, liegt auf der Hand. Das Opfer scheint per Definition unschuldig. Über Schuld muss ein Opfer gewöhnlich nicht nachdenken. Schuld haben die Anderen. Die Opferposition kittet den Bruch, hebt den Konflikt auf, verleugnet ihn, lehnt ihn ab.[153] Ein Preis, der dafür gezahlt wird, ist das Schweigen, gewöhnlich auch das Abschieben des unverarbeiteten Schuldgefühls ins Unbewusste. Das Schweigen breitete sich bei vielen bis über das eigene Leid. Schuld und Scham waren zu eng mit diesem Leid verwoben, um gefahrlos davon reden zu können. Wem klar wurde, sich mit einem verbrecherischen System identifiziert, es direkt oder indirekt unterstützt zu haben, dem verschlug das Erschrecken darüber die Sprache. Wer das alte System nach wie vor nicht in Frage stellte, sprach vielleicht über sein eigenes Leid, aber nicht über das Leid der Anderen und seine Mit-Verantwortung dafür.

Würden wir auch nur eine Gedenkminute für jeden der insgesamt 60 Millionen Toten des Zweiten Weltkrieges einlegen, müssten wir 114 Jahre lang schweigen. Da wir so nicht leben können, müssen wir ihrer gedenken, indem wir über sie sprechen. In der Neuen Wache in Berlin wird seit 1993 ganz allgemein der ***Opfer von Krieg und Gewaltherrschaft*** gedacht. Ein solches Gedenken zeigt eine nicht hinnehmbare Schieflage. Damit stehen Menschen, die unschuldig ermordet wurden unterschiedslos neben denen, die andere ermordet haben, bevor sie selbst ermordet wurden. „Die Frage, wer hier wen – oder sich – für was geopfert hat oder wer hier warum für wen geopfert worden sei, bleibt unbeantwortet. Die Frage wird gar nicht gestellt."[154]

Eine solche Gleichmacherei ist keine hinreichende Antwort auf die nicht zu leugnende Tatsache, dass ein und dieselbe Person Täter und Opfer zugleich sein kann. Indem einer nur noch Opfer ist, wird nicht nur ein Konflikt aufgehoben, sondern auch Verantwortung abgewählt. Wenn das selbst erfahrene Leid so nah an die eigene Schuld grenzt, mag das verständlich sein. Doch solange die „Täter-Anteile", die Mit-Verantwortung – und sei es aus Scham – negiert und beschwiegen werden, ist die Gefahr groß, dass die nachfolgenden Generationen einen unsichtbaren Konflikt erben. Dasselbe geschieht, wenn die Annahme der Schuld es verbietet, die „Opfer-Anteile", das eigene Leid wahrzunehmen. Es ist eine alte christliche Botschaft: Liebe deinen Nächsten wie Dich selbst. Um Mitgefühl für das Leid Anderer empfinden zu können, bedarf es der Wahrnehmung des Anderen ebenso wie des Mitgefühls mit sich selbst.

Die Täter sind – im Osten früher, im Westen etwas später – aus der Mitte der Gesellschaft scheinbar verschwunden. Günter Grass konnte noch 1963 im privaten Kreis über seine Zugehörigkeit zur Waffen-SS sprechen, ohne dass er damit einen Aufschrei auslöste. Über vier Jahrzehnte später sorgte dieselbe Aussage für große öffentliche

Empörung und Unverständnis. Es wirkte verstörend, dass hier einer, der mit dem Roman ***Die Blechtrommel*** 1959 einen Schlüsseltext der Vergangenheitsbewältigung verfasste, selbst zu den Tätern gehört hatte. Die einhellige Reaktion zeigt jedoch auch, wie stark die Täter inzwischen als Symbol des Bösen an den Rand der Gesellschaft verwiesen worden waren. Das Böse, exemplarisch verkörpert durch die SS, war weit weggerückt vom Eigenen. Die Täter-Anteile tauchten möglicherweise noch in früheren Generationen auf, waren jedoch für die eigene Person wie für eine Mehrheit der Gesellschaft undenkbar geworden.

Günter Grass war sich wohl selbst nie so fremd geworden, dass er diesen unrühmlichen Teil seiner Lebensgeschichte völlig vergessen hätte. Das Schuldgefühl, das sich nach dem Krieg einstellte, hat ihn belastet: „Das hat mich bedrückt. (...) Das musste raus, endlich."[155] Als Kind hatte er die Begeisterung und den Zuspruch zum Nationalsozialismus erlebt, auch die Verführung. Aber ihn interessierte vor allem die Begeisterung, letztlich also die Frage, wie er selbst der Truppe beitreten konnte, von der die größten Verbrechen begangen wurden, wie er zum Täter habe werden können. Schon beim Schreiben der ***Blechtrommel*** stand diese Frage im Hintergrund. Sie explizit an der eigenen Person zu erörtern, bedurfte es offenbar einer gewissen Reife, eines zeitlichen Abstands und möglicherweise auch der Gefahr, die Scham mit ins Grab zu nehmen.

Innerhalb der Familien gibt es einen Mechanismus, der sich mit Vergessen durch Erinnern beschreiben lässt. Mögliche Verstrickungen von Familienmitgliedern werden nicht weitergegeben oder umgedeutet. Sie werden als Bruchstücke fremder Erzählungen erinnert, als Anteile aus dem kollektiven Gedächtnis gerahmt. Die tatsächlichen potenziellen Täter-Anteile innerhalb der Familie werden so nach außen verlagert, aus dem Familiengedächtnis verbannt.[156]

Noch Ende der 1970er Jahre hatten Kinder, Jugendliche und junge Erwachsene nur Halbwissen über die Geschichte des NS-Staates, das sich mit Versatzstücken populärer Mythen mischte.[157] Die Orte des Schreckens lagen zumeist weit entfernt: das Amsterdam der Anne Frank ebenso wie die östlichen Vernichtungslager. Das war nicht nur ein Ergebnis der Schulbildung. Auch die mündlichen Überlieferungen der Geschichte durch Eltern und Großeltern hinterließen familiengeschichtliche und historische blinde Flecken.

Entfremdete Vergangenheit

Als 1989 die Mauer fiel und der Kalte Krieg zwischen Ost und West ein Ende fand, öffnete sich auch für die Erinnerungskultur ein neuer Raum. Zunehmend rückten die ehemals deutschen Gebiete östlich der Oder und Neiße wieder ins Blickfeld. Lange Zeit standen die Erinnerungen an die Verbrechen des Nationalsozialismus und das durch Flucht und Vertreibung entstandene Leid einander gegenüber. Allmählich fanden sie nebeneinander Platz.

In den östlichen Bundesländern waren viele, vor allem Ältere froh, dass sie endlich über einen Teil ihrer Lebensgeschichte sprechen durften, der sich bis dato auf einen Platz in ihren Herzen beschränken musste. Auch in den westlichen Bundesländern erwachte ein neuerliches Interesse an der alten Heimat, die nun nicht länger hinter einem bedrohlich wirkenden Eisernen Vorhang verborgen lag. Sie konnte nun leichter bereist werden. In der wiedervereinigten Bundesrepublik erschienen zahlreiche Bücher und Filme zum Leben in den ehemaligen Ostgebieten, zu Flucht und Vertreibung, dem Verhältnis zwischen Deutschen und Polen, der Spurensuche an den Orten der Kindheit und Jugend. Es schien, als sei etwas nachzuholen, was jahrelang unterdrückt bzw. versäumt worden war.

Außerdem bot die Erinnerung an Flucht und Vertreibung, Bombennächte und Kriegstote ein willkommenes gesamtdeutsches Narrativ. Auf diesen Teil ihrer Geschichte konnten sich Menschen in Ost und West, die ansonsten vieles trennte, gemeinsam beziehen. Sie teilten zumindest die Erfahrungen aus dieser Zeit und mitunter das Gefühl, das allzu lange kaum darüber gesprochen werden konnte. Zugleich änderte sich in den 1990er Jahren etwas Wesentliches. Die Oder-Neiße-Grenze wurde 1990 durch die Bundesrepublik endgültig anerkannt. Damit verlor die Erinnerung an Flucht und Vertreibung einen entscheidenden Teil ihrer politischen Sprengkraft und es gab einen Rahmen, der diese Erinnerung auch ohne den Vorwurf der Kriegsleugnung ermöglichte.

Schon in den Jahren zuvor hatten die geschichtspolitischen Debatten eine weitere Verschiebung erfahren. Als neuer Maßstab für politisches Handeln und moralische Bewertungen dienten die allgemeinen Menschenrechte. Damit standen in den westlichen Gesellschaften fortan alle zivilen Opfer im Zentrum der Aufmerksamkeit, weniger die Helden und Akteure der Geschichte.[158] Das galt ebenso für die weltweiten Konflikte wie auch für die eigene Vergangenheit. Mit diesem Perspektivwechsel entstand ein neues Spannungsfeld. In der öffentlichen Erinnerung wurde der Holocaust „als negativer Gründungsmythos des wiedervereinigten Staates verankert"[159]. In Gedenkstätten, Schulen und Medien lag der Blick vor allem auf diesem Teil der NS-Vernichtungspolitik und seiner Opfer. Konsequenterweise war damit – zumindest im offiziellen Erinnern – ein Blick auf die Deutschen als Täter verbunden. Wer auch die Erfahrungen von Flucht und Vertreibung im gesellschaftlichen Erinnern verankert wissen wollte, stand schnell unter Verdacht, damit die Verbrechen der Deutschen relativieren zu wollen. Die Befürworter eines ***Zentrums gegen Vertreibungen*** trugen das ihre dazu bei. Sie präsentierten sich lautstark als Fürsprecher von Millionen Betroffenen, die sich zum Teil gar nicht von ihnen repräsentiert sehen wollten. Ihrem Auftreten und ihren Ansprüchen lag eine Opferkonkurrenz zugrunde, die jegliche Fragen nach Verantwortung ausblendete und für Empathie gegenüber anderen Opfergruppen keinen Platz ließ.

Um die Jahrtausendwende flossen verschiedene Entwicklungen und Interessen ineinander. Bücher, Filme und TV-Dokumentationen, die sich mit Flucht und Vertreibung beschäftigten, wurden zu Bestsellern. Der allgegenwärtige Bezug auf die Menschenrechte ermöglichte eine einfühlende Perspektive auf die Deutschen als Opfer. Mit dem Ende des Kalten Krieges war der Ost-West-Konflikt nicht völlig aufgehoben, aber wesentlich abgeschwächt. Auf der Suche nach einer gemeinsamen Identität von Ost- und Westdeutschen lagen die Erinnerungen an ein gemeinsames ***Schicksal*** vor der deutschen Teilung sozusagen am Wegesrand.

Die Betroffenen waren inzwischen in einem Alter, in dem die Erinnerungen an Kindheit und Jugend ohnehin neu aufleben. Die in den Medien präsenten Bilder und Geschichten verstärkten diesen Prozess. In der Öffentlichkeit war zunehmend von Kriegskindern und ihren fortwirkenden Belastungen die Rede. Historiker, Journalisten, Mediziner und Psychologen fragten nach den Auswirkungen von Heimatverlust, abwesenden Vätern und Anpassungsdruck. Nicht selten widmeten sie sich damit einer auch am eigenen Leib erfahrenen Geschichte.

Die undifferenzierte Rede von Kriegskindern und Kriegskindheit ist berechtigt zu hinterfragen.[160] All zu unterschiedlich sind die Erfahrungen einer Generation, als dass sie unter einem Begriff verallgemeinert werden können. Gleichwohl kam unter diesem Schlagwort ein Phänomen zur Sprache, das mehr als nur Einzelne betrifft. Gerade die Kinder waren den Erlebnissen im Krieg und während der Flucht hilflos ausgeliefert. Etwa die Hälfte aller zwischen 1930 und 1945 Geborenen wuchs zeitweise unter einschränkenden Bedingungen auf, knapp die Hälfte von ihnen litt zusätzlich unter lange andauernden Belastungen.[161]

Die gesteigerte Aufmerksamkeit für die Erfahrungen und lang anhaltenden Prägungen der so genannten Kriegskinder hat recht verschiedene Wurzeln. Manche argwöhnen, hier werde ein kollektiv entlastender Erinnerungsrahmen konstruiert, der einmal mehr das Opfersein betont.[162] Diese Sicht greift zu kurz. Vieles deutet darauf hin, dass die Zeit reif war, die eigene Vergangenheit noch einmal aus einer anderen Perspektive zu betrachten. Nicht nur als etwas Vergangenes, sondern als etwas durchaus noch Gegenwärtiges. Eben diese Gegenwärtigkeit ist Grund genug, sich mit den langen Schatten, die die Vergangenheit wirft, zu beschäftigen. Nicht selten wird in dieser Auseinandersetzung eine Opferperspektive gepflegt, die einseitig ist und vor allem der Entlastung dient. Zweifellos gibt es für viele der sogenannten Kriegskinder aus ihrem eigenen Erleben heraus genügend Anlässe für eine Opferperspektive und die Täter- bzw. Schuldfrage ist eher einer anderen Generation als Kollektiv zuzurechnen. Dennoch ist es von Belang, ob die eigene Perspektive in die historischen Zusammenhänge eingebettet wird, das Leid der Anderen in den Debatten einen Platz hat, oder nicht. Die damit verbundene Herausforderung für den Einzelnen ist groß. Ebenso groß ist daher die Verlockung, die Themen ruhen zu lassen, Widersprüchlichem und

Reibungen aus dem Weg zu gehen. Gezieltes Schweigen mag direkt nach kriegerischen Auseinandersetzungen ein probates Mittel sein, um den Frieden nicht zu gefährden. 70 Jahre später scheint es eher friedensgefährdend, die Schatten der Vergangenheit zu ignorieren. Günter Grass lässt in seiner Novelle ***Im Krebsgang*** sein Alter Ego resümieren: „Niemals, sagt er, hätte man über so viel Leid, nur weil die eigene Schuld übermächtig und bekennende Reue in all den Jahren vordringlich gewesen sei, schweigen, das gemiedene Thema denen rechts überlassen dürfen."[163] Dass eine als übermächtig empfundene Schuld einen Menschen verstummen lässt, ist unbedingt nachvollziehbar. Insofern ist ein grundsätzliches ***Niemals*** vielleicht fehl am Platze. Aber es verweist darauf, dass wer schweigt, das Sprechen und damit die öffentliche Deutungsmacht anderen überlässt. Und nicht nur das. Wer nicht nur schweigt, sondern auch nicht erinnert und erst recht nicht trauert, verliert einen Zugang zu einem Teil seiner Geschichte, und damit zu einem Teil seiner selbst.

Traumata und ihre Folgen

Über 50 Jahre nach Kriegsende wurden in einer Hamburger Studie Kinder und Jugendliche untersucht, die Flucht und Vertreibung erlebt hatten. Bei etwa einem Drittel von ihnen wurde eine voll ausgeprägte bzw. eine partielle Posttraumatische Belastungsstörung (PTBS) festgestellt. Mehr als die Hälfte von ihnen litt noch an wiederkehrenden Bildern, Flashbacks oder Alpträumen. Anhand der Angaben der Befragten zu den Symptomen einer PTBS entstand der Eindruck, dass etwa 70 Prozent kaum oder nur geringfügig belastet waren und die traumatischen Erfahrungen gut bewältigt hatten. Doch auch diese Gruppe konnte nur bedingt emotional kommunizieren und neigte auffällig stark dazu, Gefühle abzuwehren und zu leugnen.[164]

Viele Kinder hatten Eltern oder andere Erwachsene neben sich, die selbst haltlos und überfordert waren. Doch gerade Kinder, deren seelische Stärke erst noch wachsen muss, brauchen in beängstigenden

Situationen eine beschützende Person an ihrer Seite. So erlebten die Kinder ein doppeltes Ausgeliefertsein: das eigene und das derjenigen, von denen sie eine sichere Verankerung in der Welt erwarteten. Schon Anna Freud beobachtete während des 1939/40 fast täglich stattfindenden deutschen Bombardements von London, dass nicht die absolute Stärke eines Ereignisses, sondern die Reaktion der zentralen Bezugsperson darüber entschied, ob ein Kind verängstigt und panisch reagierte oder ruhig blieb.[165]

Zweifellos ging die Flucht wie auch die Suche nach einem neuen Zuhause für viele mit Erfahrungen von Ungewissheit, Demütigung, Verlust, Trennung, Sterben und Tod einher. Gerade wenn es kaum noch Möglichkeiten des Eingreifens und der aktiven Gestaltung einer Situation gibt, erfährt der Einzelne sich als ohnmächtig und damit als wertlos. Wesentliche Grundüberzeugungen zur eigenen Person wie auch zur Verlässlichkeit und Sicherheit der Welt werden so sehr verletzt, dass sich von einer traumatischen Erfahrung sprechen lässt. Etwas verallgemeinert kann man davon ausgehen, dass etwa ein Drittel der Kriegskinder unter Langzeittraumatisierungen leidet, ein Drittel die Kriegsereignisse unbeschadet überstanden hat und bei einem weiteren Drittel keine direkt traumatisierenden Wirkungen nachzuweisen sind.[166] Bombardierungen, Kämpfe, Flucht und Vertreibung, die zeitweilige Trennung von einem Elternteil, der Tod des Vaters und Armut tauchen in den Erinnerungen am stärksten auf.

Bemerkenswert ist, dass sich die als belastend erlebten Umstände regional durchaus unterschieden haben. Im Osten gab es verstärkte Flächenbombardements und länger anhaltende Armut, die die Erinnerungen bis heute prägen. Im Westen ist es – aufgrund der Kinderlandverschickungen in den ersten Kriegsjahren – häufiger die zeitweilige Trennung von den Eltern.[167] Noch knapp 60 Jahre nach Kriegsende sind vor allem jene, die ihre Wohnung damals durch Bombenangriffe verloren haben oder aber von Flucht und Vertreibung betroffen waren, weniger zufrieden mit ihrem Leben und körperlich wie seelisch in ihrem Wohlbefinden stärker beeinträchtigt als jene, die diese Erfahrungen nicht machen mussten.[168]

Seit den 1990er Jahren taucht der Begriff des ***Trauma*** in der Öffentlichkeit auf und wird seitdem in zunehmend inflationärem Maß gebraucht. Er wurde bereits Ende des 19. Jahrhunderts von der Chirurgie genutzt und seit Anfang des 20. Jahrhunderts – zunächst von einzelnen Therapeuten – auf psychische Erscheinungsformen übertragen. Im Zuge der Beschäftigung mit den Veteranen des Vietnamkrieges und den generationsübergreifenden Folgen des Holocaust fand der Traumabegriff schließlich Eingang in einen breiteren, zunächst medizinisch-therapeutisch ausgerichteten Diskurs. In Deutschland wurde die Posttraumatische Belastungsstörung 1995 kategorisiert und anerkannt.
Das aus dem Griechischen stammende Wort Trauma bezeichnet eine Wunde, eine Verletzung, die durch einen Unfall, erfahrene Gewalt oder eine starke seelische Erschütterung hervorgerufen wird. Körper und Seele gehen daraufhin in Alarmbereitschaft, reagieren mit Angst und Stress, um das Überleben zu sichern. Zumeist klingen diese Reaktionen von allein wieder ab. Halten die Erfahrungen von Angst und Ohnmacht über längere Zeit an, können die andauernden Stresszustände Teile des Gehirns schädigen.
Ob ein traumatisches Erlebnis zu anhaltenden Beeinträchtigungen führt, ist von mehreren Faktoren abhängig. Das Risiko steigt mit der Schwere des Ereignisses, wenn es wiederholt zu traumatischen Erfahrungen kommt und wenn diese durch andere Menschen verursacht wurden. Sehr junge und ältere Menschen sind besonders gefährdet. Vor allem kleine Kinder speichern die traumatischen Erlebnisse ausschließlich im emotionalen Gedächtnis. Sie sind sprachlich nicht zugänglich, können weder benannt noch zugeordnet werden.
Bei harmlosen Ereignissen entstehen im Gehirn Verknüpfungen zwischen dem Erlebten und den damit verbundenen Gefühlen. Bei großer Angst ist dieser Mechanismus außer Kraft gesetzt. Um die Panik kontrollieren zu können, reagiert die Psyche mit einer Blockade von Affekten und bestimmten mentalen Funktionen. Das Erlebte wird nur fragmentiert in der rechten Gehirnhälfte gespeichert. Es ist nicht vergessen, sondern wird verleugnet, verdrängt oder abgespalten, um den traumatischen Erinnerungen zu entgehen und das innere

Gleichgewicht wieder herzustellen. In der Erinnerung tauchen nur noch einzelne Splitter in Form von Gefühlen, Bildern oder körperlichen Reaktionen auf. Das konkrete Ereignis in seinem Gesamtzusammenhang bleibt jedoch verborgen.

Neben der Intensität der Erfahrung spielt deren innere Wahrnehmung und Verarbeitung eine wesentliche Rolle. Hilfreich ist ein Restgefühl von Autonomie während des Erlebens traumatischer Situationen. Aber auch persönliche Widerstandsfähigkeit, emotionaler Beistand, die Möglichkeit über das Erlebte zu sprechen und eine öffentliche Anerkennung traumatischer Erlebnisse und ihrer Folgen können die Verarbeitung unterstützen. Außer Frage steht, dass Kinder und Jugendliche während des Krieges oder der Flucht verschiedene Situationen bewältigen mussten, denen sie im wahrsten Sinne des Wortes noch nicht gewachsen waren. Das blieb langfristig nicht ohne Folgen, auch wenn es zunächst so schien, als hätten sie die offensichtlichen Entwicklungsrückstände schnell aufgeholt.

Zwischen 1946 und 1950 verbrachten 12 500 Kinder, die Hälfte von ihnen Flüchtlingskinder, einige Zeit zur Erholung auf der Nordseeinsel Langeoog. Die dort untersuchten Flüchtlingskinder waren zum Teil körperlich unterentwickelt. Sie zeigten wenig Selbstvertrauen, waren eher misstrauisch, schweigsam und litten an mangelnder Konzentrationsfähigkeit, an Schlafstörungen, Alpträumen, Bettnässen, Sprachstörungen, Schwindel und Kopfschmerzen. All das sind Symptome, die heute auf eine posttraumatische Belastungsstörung hinweisen können.[169] Über ihre Erlebnisse berichteten sie eher sachlich und emotionslos, reihten Tatsachen aneinander, ohne die damit verbundenen Gefühle zu erwähnen. Mit der Zeit wuchs ihre Abneigung, sich an die Kriegs- und Fluchterlebnisse überhaupt zu erinnern.[170] Stattdessen erzählten sie von all dem, was sie in der Gegenwart beschäftigte: Von Mangelsituationen und ihrem Bemühen, sich möglichst schnell an die neue Umgebung anzupassen.

Es ist nicht verwunderlich, dass insbesondere Kinder und Jugendliche, die den Krieg, Flucht und Vertreibung erlebt hatten, ihre traumatischen Erfahrungen nicht gut verarbeiten konnten. Vieles, was für die Bewältigung hilfreich gewesen wäre, wie ein stabiles Umfeld, fehlte ihnen. Sie lebten oft monate- manche auch jahrelang in seelisch und ökonomisch unsicheren Verhältnissen. Ihre Mütter und Väter, sofern sie überhaupt bei der Familie waren, konnten ihnen nur bedingt beistehen, weil sie selbst überfordert und hilflos waren. Wo kein Trost zu erwarten ist, kann nicht getrauert werden. Trauer und die Wahrnehmung des Traumas sind jedoch wichtige Voraussetzungen, um Situationen zu verarbeiten, die das Verhältnis zur Welt erschüttert haben. Körper und Seele brauchen eindeutige Signale, dass die traumatisierenden Situationen vorüber sind. Dazu gehören neben emotionaler Zuwendung und einem sicheren sozialen Umfeld auch genügend Schlaf, ausreichende Ernährung und die Vermeidung weiterer Belastung. Ist all das nicht in ausreichendem Maße und über längere Zeit gegeben, greift der Organismus zu Selbstschutzmechanismen. Er blockiert Erinnerungen und mentale Funktionen, die das Überleben gefährden könnten.

> *„Man hat natürlich auch gesehen, dass viele gestorben sind unterwegs. Kinder und alte Leute, die wurden an den Straßenrand gelegt und der Treck ging weiter. Graben war nicht drin. Das war der härteste Winter überhaupt. Das hat man als Kind so, ich sag mal, da waren wahrscheinlich keine Gefühle bei. Vielleicht mein älterer Bruder. Der muss mehr gesehen haben, noch mehr. Auf jeden Fall haben wir es mitbekommen." (Jg.38/SH/m)*[171]

> *„Bevor Memel geräumt wurde, haben die Deutschen, die Wehrmacht, die Kühe, das Vieh durch Memel durchgetrieben, wurde auf die Schiffe geladen und heim ins Reich. Und da sind nicht alle mitgekommen. Und die stromerten durch die Stadt und brüllten. Die hatten ja Hunger und Durst. Wir mussten uns täglich vom Marineverpflegungsamt die Verpflegung abholen. Das war nur ein Lazarett, und zwar in einer Schule. Das war ein Hilfslazarett, da waren Ärzte, Schwestern und wir beiden nur in der Stadt alleine. Das war die graulichste Zeit. Und von da an war ich praktisch gleichgültig. (...) Die Flucht selber. Ich hab das, wenn ich ganz ehrlich bin, gar nicht so genau genommen. Ich*

war ein Haudegen. Ich war auch in der Schule immer der Wirbelwind, hatte immer eine ganze Gruppe um mich herum... Schön, die Flucht, die hat mich, schon allein aus Memel... Da sind ja auch einige durchgedreht von den Soldaten. Wenn das Schiff dann stehen blieb, vor allem nachts. Die Motoren wurden ausgestellt... Da mussten wir stehen, aber wir hätten genauso gut jeden Augenblick in die Luft fliegen können. Und das stumpft irgendwie ab. Das hab ich so oft gedacht: Selbst die Soldaten, die gefallen sind und die Verletzten. Die waren auch abgestumpft. Und so war ich auch. Das hat sich später wieder aufgelöst, hab ich irgendwie einfach abgehakt, Stehaufmännchen." (Jg.25/SH/w)[172]

Die Verarbeitung eines Traumas braucht ihre Zeit. Anfänglich wird das Geschehene geleugnet, darauf folgen immer wiederkehrende Erinnerungsfragmente, die wahrgenommen und in einen Gesamtzusammenhang integriert werden müssen. Die Umstände in der Nachkriegszeit waren äußerst ungünstig, um die traumatischen Erlebnisse gut zu verarbeiten und die entsprechenden Zusammenhänge kaum jemandem bewusst. Zudem ist eine seelische Wunde im Gegensatz zu einer physischen unsichtbar. Da fällt es weitaus schwerer, sich und anderen die erforderliche Schonung und Zuwendung zu gewähren. Dennoch gibt es immer wieder Berichte, vor allem über Mütter, die ihre Kinder schützten, unterstützten und trösteten wo sie nur konnten.

„Also die Mütter, das muss ich sagen, die setz ich da oben hin. Denen müsste man ein Denkmal setzen, aber ein mächtiges. Nicht all den anderen. Was die geleistet haben, die Mütter. Das kann man sich gar nicht vorstellen. Zu sehen, wie die Kinder frieren. Zu sehen, wie die Kinder hungern usw. Und das haben die alles überbrückt irgendwie. Die, finde ich, sind eigentlich unsere Helden." (Jg.34/SH/m)[173]

„Meine Mutter hat immer gesagt: Wir müssen jeden Ort nutzen,

damit ihr was lernt. (...) Die erste Puppe bekam ich 1946 zu Weihnachten. Die hat meine Mutter genäht und bestickt, ausgestopft mit Papier, weil wir nicht mal Watte hatten. Die hab ich gehökert. (...) Meine Mutter war sehr couragiert, musste sie ja auch mit uns Fünfen." (Jg.39/MV/w)[174]

Auf die belastenden Umstände der Flucht folgte die häufig langwierige Suche nach einem neuen Zuhause. Hinzu kamen der Tod naher Angehöriger oder die Ungewissheit über ihren Verbleib sowie die besonderen Anstrengungen, die viele unternahmen, um möglichst schnell dazuzugehören und den Einheimischen zu beweisen, dass ihre Vorurteile gegenüber den Ostflüchtlingen ungerecht sind. Viele Kriegskinder erlebten die heute als belastend bewerteten Momente damals als Normalität oder gar als Abenteuer. Ihre Erfahrungen auf der Flucht und während der Zeit des Ankommens in einer neuen Heimat ähnelten einander. Sie wurden mit der Familie und anderen Betroffenen geteilt. Damit ist noch nichts darüber gesagt, ob Einzelne dennoch mit ihrer Verarbeitung überfordert waren.[175] Für manch einen brachte der Neubeginn in der Fremde durchaus auch eine zweite Kindheit.

„Das war eigentlich ganz in Ordnung, glaub ich. Wir haben nicht so gehungert. 1946 kriegte man dann ja schon die Lebensmittelkarten. Und wir hatten auch einen Schrebergarten. Das war eigentlich so ganz in Ordnung. Man hat sich über Kleinigkeiten gefreut. Wir kriegten die ersten Jahre Pakete aus Amerika. Diese Care-Pakete kamen dann, das war immer eine Freude. Oder wenn meine Onkel und Tanten aus B. dann mal wieder was geschickt haben. Wie gesagt, man hat sich so über Kleinigkeiten gefreut und wir waren so viele Kinder zusammen. Wir haben zusammen gespielt, Mensch ärger dich nicht, oder sonst was. Auch mit den Nachbarskindern. Und in der Schule, das war eigentlich ganz harmonisch. Es war ja so: Es ging allen so schlecht. Es ging allen gleich. Jedenfalls bei uns war keiner, der nun besonders reich war oder dem es besonders gut ging." (Jg. 38/SH/w)[176]

Ob unter der Oberfläche nicht zu erinnernde Traumata lagern, zeigt sich zumeist erst im Nachhinein, manchmal sogar erst im hohen Alter. Da tauchen die lange verschütteten und von den Anforderungen des Lebens in Schach gehaltenen Erinnerungen wieder auf. Die Abwehrkräfte lassen nach.

> *„Denn ich weiß, mein Mann auch, die ersten Jahre nach dem Krieg, wir haben eigentlich so ganz normal über Zuhause und so was gesprochen. Also es hat uns gar nicht so berührt. Aber die letzten Jahre. Da ging es ihm so: Er hatte damals einen Hund gehabt, einen schwarzen Hund auf dem Hof. Und den mussten sie zurücklassen. Und die ganzen Jahre nie, aber die letzten Jahre, vielleicht so fünf Jahre vor seinem Tod, da fiel ihm das plötzlich ein. Da redete er oft darüber, was der Hund, wie der wohl da gelebt hat, Mohrchen hieß er, wie der Hund wohl zugrunde gegangen ist. Über seinen Vater nicht, sein Vater blieb auch da. Und da hat man auch nie gehört, was aus dem geworden ist. Die haben nie was gehört davon. Er war Bürgermeister und er hatte die Idee, er müsste dableiben und auf den Endsieg warten, oder was. Von dem haben sie nie wieder was gehört. Aber das war nicht so schlimm, aber mit diesem Hund. Da hat er dann oft so geweint nachher. Und dann sind sie auf die Flucht gegangen mit einem Pferd und einem kleinen Wagen. Und da waren sie auch in Stettin. Und da war der große Bombenangriff gerade gewesen. Und da ist dieses Pferd verschüttet worden in irgend so einer kleinen Hütte, ist das Dach da, und da ist ihnen das Pferd verreckt. Und da hat er auch so oft dran gedacht und hat richtig dann, wenn er darüber gesprochen hat, geweint." (Jg. 38/ SH/w)*[177]

Viele der Erzählungen über die Flucht und die Nachkriegszeit sind auffällig bruchstückhaft, deuten auf eben jene fragmentierten Erinnerungen hin, wie sie nach traumatischen Erfahrungen zurückbleiben. Das traumatische Ereignis selbst wird selten erinnert, sondern häufig nur das, was damit in einem etwas entfernteren Zusammenhang steht. Die Psychologie spricht in einem solchen Fall von Deckerinnerungen. Das eigentlich Schmerzhafte wird durch andere Erinnerungen verdeckt, die quasi stellvertretend auf das Trauma verweisen. Ebenso ist die Behauptung von Normalität häufig eine psychische Abwehrreaktion, die dazu dient, einen möglichen Konflikt zu verleugnen.[178]

Wo alles normal ist, kann alles bleiben wie es ist. Eine solche behauptete Normalität verspricht eben jene seelische Stabilität, die gerade traumatisierte Menschen brauchen, um nicht aus ihrem eingeübten Bewältigungsmuster zu fallen. Zu diesen Mustern gehören auf jeden Fall die bereits angedeutete Sprachlosigkeit und die dem Bewusstsein nicht mehr zugänglichen Erinnerungen an schwer belastende Situationen. Schweigen, das kein Verschweigen, sondern ein Nicht-Wissen ist, erscheint hier als letzte Rettung des Ich. Es legt sich wie ein schützender Mantel über die Wunden. Ist der Schmerz tief genug eingeschlossen, ist die Gefahr einer erneuten Verletzung am geringsten. Doch zumeist fördert ein solcher Schutz die Heilung im Sinne einer Integration des Erlebten nicht.

Viele Wunden, die durch das Erleben des Krieges, Flucht und Vertreibung entstanden sind, wurden mit dem Mantel des Schweigens zugedeckt. Darunter sind sie zu Narben geworden, die schmerzen, wenn das Wetter plötzlich wechselt, wenn Stress auftaucht. Dann tauchen auch bestimmte Gefühle der Ohnmacht, des Überfordertseins, der Angst wieder auf. Wie aus dem Nichts – denn es gibt keine Erinnerungen und keine Geschichten, die dazu erzählt werden können.

Transgenerationale Übertragungen

Gerade nicht erzählbare Geschichten werden oft mit größerer Macht von Generation zu Generation weitergegeben als das, worüber gesprochen werden kann.[179] In der Literatur geht es seit altersher um die Verarbeitung von traumatischen Erfahrungen, auch wenn dort der Begriff des Traumas nie auftaucht. Es gehört zu den ureigensten

Anliegen, sprachlos machende Ereignisse in Geschichten zu verpacken, die trösten und dem Erlebten einen Sinn geben.
Die Bibel, das Alte Testament, das in dieser Hinsicht als Literatur, als Bewältigungsversuch unaussprechlicher Erfahrungen gelten kann, spricht von einem Gott „der da heimsucht der Väter Missetat an den Kindern bis in das dritte und vierte Glied".[180] Hier geht es offensichtlich vor allem um eine Schuld, die vererbt wird. An einer anderen Stelle heißt es: „Die Väter haben saure Trauben gegessen, aber den Kindern sind die Zähne davon stumpf geworden."[181] Das Prinzip ist immer dasselbe: Die nachfolgenden Generationen sind, ob sie es wollen oder nicht, mit den Erfahrungen ihrer Eltern und Großeltern auf unsichtbare Weise verbunden. Es sind nicht die Erfahrungen selbst, die weitergegeben werden. Es sind die Folgen dieser Erfahrungen, die ihr Sprechen und ihr Schweigen, ihre Gefühle und ihre Handlungen bestimmen. Es ist also kein neues, sondern ein altes Menschheitsthema, das hier verhandelt wird. Aber das Wissen darum hatte im Zuge der Fortschritts- und Zukunftsorientierung der Moderne lange Zeit nur einen Platz auf den hinteren Rängen des Bewusstseins. Der Blick richtete sich kategorisch nach vorn. Stand und Herkunft sollten nicht länger von Bedeutung sein. Nur so war eine Befreiung von ihren Fesseln denkbar. Die Annahme, dass Menschen auch ausgeschlagene Erbschaften mit sich herumtragen und durch sie geprägt werden, läuft einem solchen Denken zuwider.
Nach den zwei von Deutschland begonnenen Weltkriegen waren das Bedürfnis und der Mut, nach den Erlebnissen wie der Schuld der Vorfahren zu fragen, gering. Es bedurfte offenbar eines zeitlichen Abstands, um sich der Einsicht zuwenden zu können, dass diese Erbschaften einen prägen. Sabine Bode veröffentlichte nach der Jahrtausendwende mehrere Bücher, die zunächst ***die Kriegskinder*** und später auch ***die Kriegsenkel***[182] als ***vergessene Generation***[183] ansprachen. Sie stießen in der Öffentlichkeit auf große Resonanz. Viele atmeten innerlich auf. Sie erkannten in den beschriebenen Biographien eigene Anteile wieder, die sie sich doch nie erklären konnten. Das galt ebenso für die so genannten Kriegskinder wie auch für die Kriegsenkel.

Neben den anhaltenden seelischen Folgen des Krieges rückte ihre Weitergabe von einer Generation an die nächste in den Blickpunkt. Es ist ein Allgemeinplatz, dass über die Erziehung Werte vermittelt und Familientraditionen aufrechterhalten werden. Wie traumatische Erfahrungen bzw. die daraus entstandenen Folgen weitergegeben werden, scheint zunächst nicht so leicht zu erklären. Zwar belegen zahlreiche Studien, Fallgeschichten und Familieninterviews die transgenerationale (Trauma-)Weitergabe, sie eindeutig nachzuweisen, ist aufgrund der Unsichtbarkeit der Mechanismen jedoch schwer. Dennoch steht unter Fachleuten außer Frage, dass diese das Selbst bestimmenden Gefühlserbschaften existieren und sehr wirkungsmächtig sein können.

Die Wege, auf denen das Unsichtbare, häufig nicht einmal Benannte zu den Kindern und Enkeln gelangt, sind vielfältig. In der Fachliteratur werden verschiedene Annahmen diskutiert, die einander nicht unbedingt ausschließen. Durch eine je eigene Kombination aus genetischen, biochemischen, psychischen und sprachlich-kommunikativen Prozessen wird nicht das Trauma selbst übertragen, sondern die Symptomatik oder auch das spezifische Muster, auf Stresssituationen zu reagieren.[184] Diese Muster bilden sich als Reaktion auf die als traumatisch erlebten Situationen heraus, werden aber auch durch notwendige Anpassungsleistungen geprägt.

In der Bundesrepublik gab es in den späten 1950er/60er Jahren einzelne Studien mit Flüchtlingskindern. Sie kamen zu dem Schluss, dass sie in ihrer körperlichen wie seelischen Entwicklung den einheimischen Kindern in nichts mehr nachstehen, in der Schule fleißig und eher unauffällig sind.[185] Inzwischen werden solche Ergebnisse eher als Folgen einer Langzeitanpassung aufgrund der unverarbeiteten Traumata interpretiert.

Hier zeigt sich die Ambivalenz des derzeitigen Traumadiskurses. Die Gefahr, dass überall Traumafolgen zu finden sind, wenn nur lange genug danach gesucht wird, ist groß. Dass die Flüchtlingskinder keine Entwicklungsverzögerungen mehr zeigten, galt zum Zeitpunkt der damaligen Studien als Zeichen dafür, dass sie die Fluchterfahrungen und -folgen gut bewältigt hatten. Heute wird der Umstand, dass sie unauffällig und nach einiger Zeit ebenso entwickelt waren wie die einheimischen Kinder – vor einem anderen theoretischen Hintergrund – als Fluchtfolge interpretiert. Es bleibt also eine Frage der Perspektive und des Forschungsstandes welche Ergebnisse wie gedeutet werden. Unabhängig davon ist Anpassung im Sinne einer gewissen Abstumpfung durchaus eine Reaktion auf traumatische Erfahrungen.

Um die Psyche vor weiteren traumatischen Überflutungen zu schützen, nehmen unmittelbare emotionale Reaktionen, wie Angst oder Aggression, allmählich ab. Doch damit wird auch die Fähigkeit, Freude, Lust oder Glück zu empfinden wesentlich eingeschränkt. So verharren die Betroffenen oft in eher depressiven Zuständen, die in gewissem Maße durch andauernde Aktivität in Schach gehalten werden können. Lange Zeit konnten die seelischen Folgen von Krieg, Flucht und Vertreibung auf diese Weise im Verborgenen existieren. Und sie bildeten einen Grundstock jener Energie, die den oftmals atemlosen Wiederaufbau all des Zerstörten beförderte.

Die Mechanismen transgenerationaler Übertragungen wurden seit den 1970er Jahren intensiv am Beispiel der Holocaust-Überlebenden untersucht. Bei einem beträchtlichen Teil der Kindergeneration zeigten sich Auffälligkeiten, unabhängig davon, ob die Eltern über ihre Holocaust-Erlebnisse sprachen oder nicht. Dies wies darauf hin, dass die Kinder nicht nur durch eine bewusste Identifikation mit ihren Eltern, sondern auch durch unbewusste Übertragungen in ihren Entwicklungsprozessen beeinflusst worden waren. Dabei spielte das rätselhafte Verhalten der Eltern, das auf einem Trauma beruhte und von der nachfolgenden Generation nicht zu entschlüsseln war, eine wesentliche Rolle.[186]

Der Psychologe Nathan Kellermann entwickelte ein Modell, das vier Übertragungswege unterscheidet. Zum einen geht er von einer genetisch oder biochemisch bedingten Veranlagung, Anfälligkeit oder Sensibilität für Posttraumatische Belastungsstörungen und Angststörungen aus. Zum anderen gibt es psychodynamische Übertragungen durch die Eltern-Kind-Beziehung und soziokulturelle Übertragungen, die aufgrund von Rollenvorstellungen und Erziehungsstilen wirken. Nicht zuletzt sorgen systemische Übertragungen, wie die Kommunikation bzw. Nicht-Kommunikation im Familiensystem, für die unbewusste Weitergabe von Traumafolgen.[187] Auch dieser Mechanismus hat letztlich eine dem (Über-)Leben dienende Funktion. Er bereitet die Nachkommen auf kommendes Unheil vor, damit sie ihm gegebenenfalls nicht ebenso schutzlos ausgeliefert sind wie ihre Vorfahren. Der Überwältigungseffekt der Ereignisse wird unter Kontrolle gebracht, indem das Individuum immer wieder übt, das Grauen der Überraschung zu überstehen.[188]

Welche Symptome als Reaktionen auf traumatische Erfahrungen gelten und wahrgenommen werden, ist auch ein Ergebnis gesellschaftlicher Entwicklungen. Nicht nur die Forschung nahm die Traumafolgen und deren transgenerationale Weitergabe zunehmend in den Blick. Auch der erinnerungskulturelle Rahmen erweiterte sich. Seit Beginn der 1990er Jahre, verstärkt seit der Jahrtausendwende, lassen sich die verschiedenartigen Kriegserlebnisse weitaus offener beschreiben und diskutieren als in den Jahrzehnten zuvor. Das mag angesichts der 40 Jahre lang geteilten deutschen Geschichte eine Brücke schlagen. Gleichzeitig taucht die spezifisch ostdeutsche Geschichte in diesem Kontext, wenn überhaupt, nur als ein Randthema auf. Das ist kaum verwunderlich, sind doch Ostdeutsche an der derzeitigen Geschichtsschreibung ebenso marginal beteiligt wie auch in anderen Machtpositionen generell unterrepräsentiert. So entstehen blinde Flecken, die eigentlich zu bedeutungsvoll sind, um sie ignorieren zu können.

Zu den Traumatisierungen durch Nazizeit, Krieg, Flucht und Vertreibung kamen in der DDR jene hinzu, die – neben dem verordneten Schweigen über die Erlebnisse – durch politische Repression, Mauerbau und Angst vor Bespitzelung ausgelöst bzw. reaktiviert wurden.[189] Etwa 300 000 Personen litten bzw. leiden anhaltend unter psychischen Beeinträchtigungen in Folge von politischer Repression in der DDR.[190] Die Auswirkungen dieser erschütternden Erfahrungen auf nachfolgende Generationen sind bislang kaum untersucht worden. Erste Studien verweisen auf einen schon bekannten Mechanismus: Wo in den Familien offen und in moderater Form über die

Haftzeit oder anderweitige Repressionen gesprochen wurde, ist die psychische Belastung der Kinder am geringsten.
Doch nicht nur die Kinder der Opfer von staatlicher Gewalt, auch Kinder ehemaliger hauptamtlicher Mitarbeiter der Staatssicherheit haben in überdurchschnittlichem Maße mit Depressionen, Angst und Misstrauen zu kämpfen.[191] Dies wird zum Teil auf ihr Aufwachsen in einem von Überwachung geprägten familiären Klima zurückgeführt. Eine maßgebliche Rolle spielt hier vermutlich auch der als besonders massive erlebte Zusammenbruch aller geltenden Werte und die absolute Entwertung der elterlichen Biographien.
Verschiedene Konflikte und Kränkungen im Zuge des Systemumbruchs nach 1989 bewirkten seelische Verletzungen, die kaum verheilen konnten und weitergegeben wurden. Auch wenn sie nicht unbedingt traumatischer Natur sind, werfen sie ihre Schatten bis in die Gegenwart. Anhaltende Posttraumatische Belastungsstörungen treten nur bei einem Drittel der jeweils Betroffenen auf. Doch ganz allgemein gilt für Gesellschaften, in denen fundamentale Systemumbrüche verarbeitet werden müssen: die Verlust- und Trauerprozesse sind wesentlicher Natur und erfordern einen entsprechenden Raum.[192]
Um solche Räume individuell wie gesellschaftlich zu öffnen, braucht es einen erinnerungskulturellen Rahmen, der diese Prozesse ermöglicht. Solange die öffentliche Erinnerung an die DDR eine ist und bleibt, die sich ausschließlich auf die SED-Diktatur bezieht, ist für ein Gefühl von Verlust kein Platz. Im Gegenteil: Es erscheint als unangebracht oder gar absurd. Doch unabhängig von der individuell stärker oder schwächer empfundenen, teilweise auch erlittenen Bevormundung und Repression, war die DDR vielen eine Heimat, die sie mit dem Systemumbruch 1990 verloren haben.
Die meisten Untersuchungen, die sich explizit mit den Folgen von Krieg, Flucht und Vertreibung und deren transgenerationaler Weitergabe beschäftigen, nehmen einen möglichen Ost/West-Unterschied nicht in den Blick. Das liegt zum einen in der Auswertbarkeit bestimmter Stichprobengrößen und dem jeweiligen Forschungsdesign begründet. Ist schon die Anzahl derjenigen, bei denen sich eine

Posttraumatische Belastungsstörung im klinischen Sinne nachweisen lässt, häufig nicht so groß, ist die Differenzierung nach Ost- und Westsozialisation statistisch kaum noch auszuwerten. Darüber hinaus müssten solche Untersuchungen die gesamte Lebensgeschichte mit einbeziehen, da es zwischen Ost und West nach dem Krieg bis zum Mauerbau, wie auch nach 1989 starke Wanderungsbewegungen gegeben hat.[193] Die längere Tradition im historischen Diskurs, unterschiedliche institutionelle Voraussetzungen und Forschungsressourcen tragen das ihre dazu bei, dass eine vergleichende oder sich speziell mit den Bedingungen in Ostdeutschland befassende Perspektive häufig fehlt.

In den psychoanalytischen oder schmerztherapeutischen Praxen finden sich derzeit überdurchschnittlich viele Menschen, die Flucht und Vertreibung als Kinder oder Jugendliche selbst erlebt haben bzw. deren Eltern davon betroffen waren. Mehr als die Hälfte der Patienten – ob in Ost- oder in Westdeutschland geboren – hat einen solchen familiengeschichtlichen Hintergrund. Das ist angesichts der ursprünglich Betroffenen eine auffallend große Zahl. Vor allem die Nachfahren können oft gar nicht mehr so genau sagen, wer ihre Großeltern eigentlich waren, wo sie gelebt haben und was aus ihnen geworden ist.[194] Das fehlende Wissen um ihre Wurzeln ist offensichtlich. „Insbesondere bei Kindern (dritte Generation) von Vertriebenenkindern (zweite Generation) führten Entwurzelung und damit Geschichtsabriss auch tatsächlich zu Brüchen in ihren Biographien und ihre Spuren verlieren sich z.B. ‚irgendwo in Polen'."[195]

Wenn sich die Eltern in der neuen Heimat nie Zuhause fühlten und ihre Kinder später aus beruflichen oder familiären Gründen ständig den Ort wechseln, kann das als fortgesetzte Suche nach Heimat interpretiert werden. Das Gefühl, nie irgendwo wirklich angekommen zu sein, dass die Eltern zeitlebens – und sei es unbewusst – geprägt hat, haben die Kinder – ebenfalls ohne es zu wissen – geerbt und leben damit. Die Erfahrungen, die zu diesem Gefühl geführt haben, sind nicht ihre eigenen. Das Verhalten der Eltern, ihr Verhältnis zur Welt haben sie ihnen vermittelt, häufig ohne dass jemals ein Wort darüber gesprochen wurde.

Auch hier taucht das bekannte Problem einer bestimmten Perspektive und Deutung wieder auf. So naheliegend, wie manche Zusammenhänge erscheinen, sind sie nicht zwangsläufig. Der ständige Ortswechsel aus beruflichen Gründen lässt sich als Folge von transgenerational übertragener Heimatlosigkeit interpretieren. Genauso gut lässt er sich als Folge eines zunehmend auf Flexibilität setzenden Arbeitsmarktes lesen, als Stärke der Betroffenen, die auch ohne örtliche Kontinuität Heimatgefühle und Zugehörigkeiten entwickeln können. Hinzu kommt, dass solche Zusammenhänge kaum eindeutig zu belegen sind. Das zeigt sich zum Teil schon bei der Anamnese von Traumafolgen, erst recht aber wenn es um transgenerationale Übertragungen geht. Ein transgenerationales Trauma im klinischen Sinne zu diagnostizieren, ist schwierig. Die traumatisierten Personen können nur bestimmte Affektzustände beschreiben und Deckerinnerungen präsentieren. So bleibt es häufig eine Frage der Analyse und Interpretation, das vermutete Trauma in seiner konkreten Erscheinungsform herauszuarbeiten bzw. die Deckerinnerungen und das Trauma miteinander zu verbinden.

Als häufige Reaktionen auf transgenerationale Verstrickungen werden Gefühle von Heimatlosigkeit, Existenzängste, Depressionen, Bindungsschwierigkeiten, Identitätsverwirrungen oder das Gefühl, bei den Eltern etwas gutmachen zu müssen, beschrieben. Wie schon den durch traumatische Erlebnisse Belasteten selbst, fällt es auch ihren Kindern häufig schwer, auf einer emotionalen Ebene zu kommunizieren. Vielmehr gibt es auch bei ihnen eine stark ausgeprägte Tendenz, Gefühle kaum wahrnehmen zu können und zu vermeiden.[196]

Je weiter die Ursprünge für ein bestimmtes Verhalten zurückliegen, umso diffuser und schwerer sind die Reaktionen darauf zu entziffern. Die traumatischen Erlebnisse wirken vielschichtig und häufig unbewusst fort. Die Faktoren, die ihre Verarbeitung beeinflussen, sind vielfältig.

Historische Ursachen von vornherein auszublenden, kann genauso irreführend sein, wie etwas vorschnell in der Gesellschaftsgeschichte zu verorten, was seinen Ursprung auch in der Familie haben kann. Der Psychoanalytiker Christoph Seidler beschreibt, wie er sofort eine

Vergewaltigung durch ***die Russen*** vermutete, als eine Patientin ihm von etwas ***ganz Schlimmem*** erzählte, was mit der Mutter während des Krieges geschehen sei. Späterhin zeigte sich, dass nicht ***die Russen***, sondern der Stiefgroßvater die Mutter missbraucht hatte.[197]
Die historische Perspektive führt nicht in jedem Fall auf die richtige Spur. Das spricht nicht gegen ihre Einbeziehung, sondern einzig und allein für einen genauen und möglichst unvoreingenommenen Blick in die Vergangenheit. Für die Betroffenen ist es unter Umständen leichter, auf historische Ereignisse und politische Umstände zu verweisen als die Ursachen in familiären Strukturen und Ereignissen zu sehen. Schließlich müssten sie sonst das Familiengefüge und die eigene Loyalität in Frage stellen. Dasselbe gilt für Außenstehende: Auch für sie kann es einfacher sein, die Person und ihre familiären Bindungen unangetastet zu lassen. Oder aber die historische Deutung liegt ihnen näher, kommt ihnen sogar entgegen, weil sie eigenen Vorurteilen entspricht. Von hier ist es dann nur noch ein kleiner Schritt zu einer mehr oder weniger bewussten Funktionalisierung von Erinnerungen.
Eine Perspektive, die den historischen Kontext und die familiäre Vergangenheit so stark fokussiert, dass alles Aktuelle ausgeblendet bleibt, greift ebenfalls zu kurz. Entwurzelung, Heimatlosigkeit und Bindungsunfähigkeit können als Ausdruck postmoderner Lebensverhältnisse gelesen oder in der Vergangenheit verortet werden. Niemand wird im Einzelfall mit Sicherheit sagen können, wie stark der jeweilige Anteil ist. Das spricht dafür, lieber eine Frage zu viel als eine Frage zu wenig zu stellen. Über die Beschäftigung mit der Vergangenheit die Gegenwart aus dem Blick zu verlieren, wäre fatal. Nicht nur vom Systemumbruch 1989 betroffene Ostdeutsche wissen, dass auch die gesellschaftliche Gegenwart traumatische Erfahrungen reaktiviert oder manchmal erst hervorbringt. Im Zuge der Globalisierung machen immer mehr Menschen belastende Erfahrungen, die Existenzängste, Depressionen und Identitätsverwirrungen zur Folge haben können.
Nicht zuletzt ist auch die ausschließliche Wahrnehmung transgenerationaler Übertragungen als Belastung irreführend. Traumati-

sche Erlebnisse und deren Folgen müssen die Lebensqualität nicht zwangsläufig negativ beeinflussen. Immer wieder finden sich Zeugnisse dafür, dass Mitgefühl und Hilfsbereitschaft, Toleranz, friedenspolitisches Engagement u. ä. mit eben jenen Erfahrungen begründet werden, die als besonders schwer und einschneidend erlebt wurden.[198] Können traumatische Erfahrungen gut bewältigt werden, erwachsen aus ihnen im besten Falle Stärke und Kraft, die ebenso prägend auf die nächste Generation wirken wie die unbewältigten Konflikte.

Aus heutiger Sicht lässt sich die weit verbreitete Stehauf-Männchen-Mentalität der Nachkriegszeit leicht als Verdrängungsmechanismus diagnostizieren. Es ist jedoch nicht zu übersehen, dass da auch ein Mechanismus am Werke war, der die Menschen geschützt und ihr Überleben gesichert hat. Der Preis der emotionalen Abstumpfung, den viele dafür gezahlt haben, ist zweifellos hoch. Angesichts der verheerenden seelischen und materiellen Zerstörungen war er möglicherweise nicht zu vermeiden.

Inzwischen sind mindestens zwei Generationen in Deutschland ohne Krieg aufgewachsen und haben gute Voraussetzungen, die seelischen Verkrustungen wieder aufzulösen. Sie können mit dem, was ihnen übertragen wurde, durchaus etwas anfangen – im wahrsten Sinne des Wortes. Für einen solchen Anfang brauchen die Kinder und Enkel vielfältige Anregungen, die ihnen helfen, die überlieferten Fragmente in einen erzählbaren Zusammenhang einzuordnen. Das ist eine der wesentlichen Aufgaben von Kultur: übergeordnete, sinnstiftende Erzählungen zu schaffen.[199]

Ein offener Umgang mit der Vergangenheit birgt nicht nur für die Kinder und Enkelkinder eine Chance. Die Fragen der Jüngeren, ihr anderer Blick auf die Welt, lassen familiengeschichtliche und individuelle Erfahrungen in einem anderen Licht erscheinen. Inwieweit tief verankerte emotionale Erfahrungen davon erreicht werden, ist zweifelhaft. Sie sind von außen kaum zu beeinflussen, zumal wenn sie den Betroffenen selbst nicht bewusst sind und es für Außenstehende nahezu unmöglich ist, direkt darauf zu reagieren. Insofern sind die Übertragungen durch Eltern und Großeltern von stärkerem

Gewicht als die in umgekehrter Richtung stattfindenden. Mit ihrem Verhalten und ihren Handlungen prägen sie die Weltwahrnehmung ihrer Nachkommen von Kindesbeinen an. So entsteht eine Reihe impliziter Erinnerungen, zu denen es kaum einen bewussten Zugang gibt.

Auf einer Tagung über transgenerationale Traumaweitergabe 2014 in Schwerin trat eine Zeitzeugin auf, die folgende Geschichte erzählte: Ihre Mutter hatte in einer Ausstellung mit dem Titel ***Erschossen in Moskau*** unvermittelt den Namen ihres für tot erklärten Vaters, des Großvaters der Zeitzeugin, gelesen. Er war 1951 in der DDR von der Staatssicherheit verhaftet worden, niemand wusste etwas über sein weiteres Schicksal. Seine Ehefrau, die nie wieder geheiratet hatte und noch immer unter dem Verlust und der Unklarheit litt, war inzwischen über 90 Jahre alt. Die Töchter und Enkelinnen begannen, die genaueren Umstände zu recherchieren und entschlossen sich, der alten Dame davon zu erzählen. Endlich kehrte der Verstorbene, wenn auch nur in den Gesprächen, in die Familie zurück. Die Witwe hatte zwar manchmal den Wunsch verspürt, mit ihren Töchtern und Enkelinnen über ihn zu sprechen, es dann aber doch immer wieder vermieden. Nun, als sie das Datum seines Todes kannte, war sie zunächst sehr aufgewühlt. Letztlich hat es sie jedoch beruhigt zu wissen, wann er gestorben und wo er begraben ist.

Auch für die Zeitzeugin hatte sich durch die Beschäftigung mit der familiären Vergangenheit ein Kreis geschlossen. Sie wusste nun, woher die Angst ihrer Mutter gekommen war, die sie als Kind erlebt hatte, aber nicht einordnen konnte. Ihre Großmutter hatte seit dem Verschwinden ihres Ehemannes befürchtet, dass auch sie abgeholt werden könnte, wenn ihre Töchter irgendetwas Kritisches gegen den Staat sagen würden. So wurde die Zeitzeugin in einer diffusen Mischung aus Distanz zum Staat und Angst vor ihm erzogen. Glücklicherweise hatte ihre Mutter ihr schon als Kind alles erzählt, was sie wusste, so dass es bereits Fragmente einer Geschichte gab, an die sie anknüpfen konnte.[200]

Die Erfahrungen der Zeitzeugin verdeutlichen etwas, was auch für die zahlreichen Trennungen, Verluste und schmerzhaften Erfahrungen im Zusammenhang mit Flucht und Vertreibung von Bedeutung ist. Es erfordert viel Kraft und Mut, den Nachkommen das, was der Erinnerung zugänglich ist, nicht vorzuenthalten. Aber es kann auch heilsam sein, darüber zu sprechen. „Je geschlossener oder verdeckter der Dialog in der Familie ist, je mehr verheimlicht und retuschiert wird, desto nachhaltiger wirkt sich die Familienvergangenheit auf die Kinder- und Enkelgeneration aus."[201] Ein Beispiel dafür liefert eine Studie mit Holocaustüberlebenden und ihren Nachfahren. Diejenigen, die keine Zunahme ihrer posttraumatischen Symptomatiken zeigten, unterschieden sich von einer Vergleichsgruppe, bei der die Symptome sich verstärkten, durch eine intensivere und aktivere Auseinandersetzung mit ihrem Verfolgungsschicksal. Das wirkte sich auch auf die Prozesse der transgenerationalen Übertragungen aus.[202]

Nicht zu übersehen ist die Rolle, die die öffentliche Erinnerungskultur in diesem Prozess spielt. Sie schafft den gesellschaftlichen Rahmen, der mit darüber entscheidet, was wahrnehmbar ist oder nur hinter verschlossenen Türen existieren kann. Auch in therapeutischen Prozessen wird deutlich, wie motivierend öffentlichkeitswirksame Debatten sind. Teilweise ermöglichen sie den Patienten überhaupt erst, Hilfe in Anspruch zu nehmen oder ermutigen sie, über bisher gemiedene oder verdrängte überwältigende Erlebnisse zu sprechen.[203]

Auch die öffentliche Erinnerungskultur wird von vielschichtigen Interessen und Entwicklungen bestimmt. In Bezug auf Flucht und Vertreibung löste die sich verändernde Erinnerungskultur nach 1990 ein Erzählen über lange Verschwiegenes aus. Die Folgen von Krieg, Flucht und Vertreibung sind in den Familiengeschichten inzwischen wieder präsenter. Dasselbe lässt sich über das Verwobensein in die nationalsozialistische Gesellschaft und die Verbrechen nach wie vor nicht sagen. Hier ist und bleibt die Erinnerung selektiv mit den entsprechenden Folgen für die Enkel. Sie tragen zwar Spuren der familiengeschichtlichen NS-Vergangenheit in sich, können diese jedoch nicht entziffern, weil ihnen das Wissen darum und der emotionale Zugang fehlen.

Wie stark die unsichtbaren Bindungen und das Bemühen um deren Wahrung sein können, zeigt das Ergebnis einer Studie von Iris Wachsmuth zur Tradierung von NS-Vergangenheit in Ost und West: „Signifikant ist, dass sich die Partnerwahl in allen Generationen auf den Personenkreis beschränkt, der eine ähnliche Form der familialen und innerpsychischen Bearbeitung der Familiengeschichte aufweist wie die befragten Personen selber, d.h., sie gehen weitere Koalitionen des Verschweigens ein. Diese unbewusste Partnerwahl kann somit auch nicht die eigene Integrität und Verbundenheit zur Herkunftsfamilie erschüttern."[204] Doch nicht nur innerhalb der Familie, auch unter Freunden und Nachbarn gab es lange Zeit – ob in Ost- oder Westdeutschland – eine stillschweigende Übereinkunft, das Erlebte ruhen zu lassen, nichts aufzudecken, keine Zusammenhänge herzustellen. So schonte jeder sich und den anderen und man bewahrte einander vor Gesichtsverlust.

Eine erste Erschütterung des bis dato gepflegten Bildes einer ***sauberen Wehrmacht***, mit der vor allem Opfer, Ehre und Leiden assoziiert wurden, aber nicht eine Beteiligung an Kriegsverbrechen und Holocaust, hatte die Wehrmachtsausstellung 1995 ausgelöst. Das innerfamiliäre Schweigen hielt an, wie nicht nur Harald Welzer nachweisen konnte. Das aufgrund zunehmender Aufklärung gut bestückte ***Lexikon***, das so einiges an Fakten und Wissen über die Verbrechen enthält, steht nach wie vor einem ***Familienalbum*** gegenüber, das die eigene Familie aus den historischen Zusammenhängen quasi herausnimmt.[205]

Mit dem 2013 im ZDF gezeigten Dreiteiler ***Unsere Mütter – unsere Väter*** sollte den nachwachsenden Generationen die Wirklichkeit des Zweiten Weltkrieges noch einmal hautnah vermittelt und das innerfamiliäre Schweigen darüber gebrochen werden. Es ging hier nicht um historische Personen oder fiktive Figuren, sondern um die jeweils eigene Familie. Die Filmemacher und Verantwortlichen hofften, den Dialog zwischen den Generationen anzuregen bevor die letzten Zeitzeugen sterben.[206]

Tatsächlich kommt in dem Film einiges zur Sprache, von anderem wird jedoch weiterhin geschwiegen: „Es ist offenbar nach wie vor nicht möglich, jemanden darzustellen, der mit hellem Sinn und fester Überzeugung – und ohne dabei abnorm zu wirken – für den Nationalsozialismus eintritt."[207] Offenbar ist es noch immer zu schambesetzt, dass die Deutschen das NS-Regime mehrheitlich gut gefunden und unterstützt haben, dass sie schließlich geprägt waren von seiner Ideologie. Hier haben die verschiedenen Erinnerungskulturen in Ost und West ähnliche blinde Flecken hinterlassen. Die Kinder und Enkel wissen nach wie vor wenig darüber, was ihre Väter und Großväter im Krieg gedacht und getan haben. Gefühle von Schuld und Scham scheinen auch für sie so stark zu sein, dass es für die Nachkommen noch immer schwer ist, die lückenhaften Erzählungen zu hinterfragen.[208]

Bei der Erinnerung an Flucht und Vertreibung zeigen sich andere bzw. weitere Konfliktlinien. Hier geht es immer wieder auch um die Frage, ob es als maßloses Unrecht und Verbrechen oder aber als Sühne für die von den Deutschen begangenen Verbrechen anzusehen ist, dass so viele Deutsche ihre Heimat verlassen mussten.

Systemumbruch und Heimatverlust

Seit der Jahrtausendwende lässt sich eine erneute Beschäftigung mit den Folgen von Krieg, Flucht und Vertreibung beobachten, die von den Fragen und der Sicht der sogenannten Kriegskinder, vermehrt auch der Kriegsenkel, geprägt wird. Sabine Bode sieht darin einen wesentlichen Impuls für eine neue Bereitschaft, die familiären Verstrickungen in das NS-Regime wahrzunehmen: „Die vergangenen zehn Jahre haben viel verändert. Wahrscheinlich wirkt sich kollektiv aus, dass in vielen Familien offener über die Vergangenheit gesprochen wird. (…) Der Nebel lichtet sich, und daran haben vor allem jene 40- bis 60jährigen Deutsche einen großen Anteil, die sich ‚Kriegsenkel' nennen. Sie stellen ihren Eltern unbequeme Fragen, forschen in Archiven nach, sie tauschen sich in Selbsthilfegruppen und in Netzwerken aus. Sie tun es, weil sich herumgesprochen hat, wie befreiend es sein kann, wenn Familiengeheimnisse und Ungereimtheiten keine Verwirrung mehr stiften. Tiefgehende Ängste, die man sich nicht erklären konnte, lösen sich auf – auch Gefühle der Heimatlosigkeit, mangelnde Empathie oder vielleicht die Scheu, eine eigene Familie zu gründen. Eine Entblockierung hat stattgefunden."[209]

Diese Entblockierung gilt zunächst einmal für die von Sabine Bode Interviewten, vor allem westdeutsche Politiker, Intellektuelle, Mediziner, kurz: die bürgerliche Mittelschicht. Ob sie auch in anderen sozialen Milieus und in Ostdeutschland wirksam ist, bleibt offen. Offen bleibt auch, ob die Fragen der Kriegsenkel wirklich ins Herz der familiären Verstrickungen zielen? Die Wurzeln der Ängste und Blockierungen sind vielfach in einer vaterlosen Kindheit, einem Aufwachsen mit einer emotional blockierten, überforderten Mutter, dem ohnmächtigen Erleben von Bombenabwürfen, dem Unwissen über den Verbleib oder den Tod naher Verwandter zu finden – in all dem, was der Krieg an familiär erfahrenem Leid mit sich gebracht hat. Von schuldhaften Verstrickungen und Scham ist da nach wie vor selten die Rede.

Unabhängig davon befördert dieser Diskurs ein in seiner heilsamen Wirkung nicht zu vernachlässigendes Mitgefühl und Verständnis. Das betrifft sowohl das eigene Gewordensein, die eigenen Erfahrungen, die eigenen Blockaden wie auch die der Vorfahren und erhellt damit eine Gemengelage, die lange tatsächlich im Nebel feststeckte und kaum zu entschlüsseln war. Eine Bestätigung oder vielleicht sogar der Anstoß für ihre hoffnungsvolle Wahrnehmung einer veränderten Stimmung im Land war für Sabine Bode die ***Willkommenskultur***, die sich im Herbst 2015 zeigte, als täglich Tausende vor Bürgerkrieg, Bomben und Repression Flüchtende nach Deutschland kamen.

Inzwischen sind die Stimmen derjenigen lauter geworden, die die Geflüchteten alles andere als willkommen heißen. Tiefgehende Ängste und alte Ressentiments, denen mit Argumenten schwer beizukommen ist, bestimmen ihre Argumentation. Äußern sich hier Kriegskinder und -enkel, die ihre eigene Geschichte noch lange nicht kennen, die weder den Diskurs noch die therapeutischen Angebote

wahrnehmen? Gilt das, was Sabine Bode schreibt also nur für eine bestimmte Gruppe von Menschen?
Die Selbsthilfegruppen und Seminarangebote für Kriegskinder und -enkel haben im Westen Deutschlands regen Zulauf, im Osten dagegen kaum. Warum ist das so? Müssten nicht gerade jene, die jahrzehntelang über einen Teil ihrer Biographie öffentlich nicht reden durften, froh sein, es nun endlich tun zu können? Oder haben sie in all den Jahren das Sprechen darüber verlernt, weil es in der DDR kein öffentliches Narrativ gab und der Krieg auch innerfamiliär immer weiter in den Hintergrund rückte? Ist ihnen die mit der Erinnerung an Krieg, Flucht und Vertreibung häufig verbundene Selbstwahrnehmung als Opfer fremd, weil die DDR-Erinnerungspolitik dafür keinen Raum bot? Wirkt hier eine Sozialisation und Kultur nach, in der es weitaus weniger um das eigene Ich ging als in Westdeutschland, eine Kultur, in der Selbstverwirklichung und Selbstbespiegelung eher Fremdwörter waren und damit auch das Sprechen über die eigenen Belange und Befindlichkeiten weitaus weniger Platz einnahm als im westlichen Teil? Oder haben viele Ostdeutsche schlicht andere Bezugspunkte und sehen sich eher als Opfer des Systemumbruchs 1989, weil sie diesen als naheliegender und wirkungsmächtiger erfahren als die Folgen des lange zurückliegenden Krieges?
Interessant ist in diesem Zusammenhang, wie weit sich die unterschiedliche Erinnerungspolitik in Ost und West bis in die Gegenwart hineinzieht. Noch 2005 begingen die Berliner Bezirke die Gedenkfeiern zum 8. Mai 1945 auf sehr ungleiche Weise. Die Ostberliner Bezirke, einschließlich der über die ehemalige Grenze reichende Bezirk Friedrichshain-Kreuzberg, feierten den Jahrestag in gewohnter Weise als ***Tag der Befreiung***, während es in den westlichen Bezirken um Themen wie ***Flucht und Vertreibung der Deutschen*** oder ***Tiefe Spuren – Kriegsflüchtlinge*** ging.[210] Die hier zutage tretenden unterschiedlichen Erinnerungskulturen folgen offensichtlich den alten Grenzziehungen. Sie entsprechen auch der Verteilung der Vereine und Aktivitäten zum Thema Kriegskinder und -enkel in West und Ost. Die Frage ist nur: Wirkt hier im Osten ein Tabu fort, dass das Spre-

chen über Flucht und Vertreibung grundsätzlich verbietet? Oder ist es eher eine politische Haltung, die das Sprechen darüber am 8. Mai für unangebracht hält? Auf der einen Seite bleibt ein gewisses Unbehagen, wenn Flucht und Vertreibung und die Folgen des Krieges für die deutsche Zivilbevölkerung an einem solchen Tag im Mittelpunkt stehen. Auf der anderen Seite ist nicht zu leugnen, dass es auch ansonsten eine große Zurückhaltung im Osten zu geben scheint, sich mit den lang anhaltenden Folgen des Krieges zu beschäftigen.

Sabine Bode sieht darin eine Nachwirkung der ostdeutschen Erinnerungspolitik in Bezug auf Flucht und Vertreibung und unverarbeitete Traumafolgen: „Menschen mit Traumatisierungen, zumal wenn es Kinder sind, brauchen, um sich zu erholen, zweierlei: ein Grundgefühl, willkommen zu sein, und das Empfinden, in einer sicheren Umgebung zu leben. Ersteres war nach dem Zweiten Weltkrieg für die Flüchtlinge und Vertriebenen im Westen genauso wenig der Fall wie im Osten. Doch die Verunsicherung und damit die Lebensbelastung der offiziell zum Schweigen Verurteilten muss in der DDR-Diktatur erheblich größer gewesen sein und somit auch die Probleme für die Nachkommen. Den Unterschied spüre ich bei meinen Lesungen in Ostdeutschland. Es geschieht ausgesprochen selten, dass ich dorthin eingeladen werde, von der Generation der Kriegskinder so gut wie nie. Zu den Lesungen zum Thema ‚Kriegsenkel' kommen überwiegend Menschen, deren Eltern als Kinder vertrieben wurden. Ich erinnere mich an Veranstaltungen, in denen es regelrecht zum Dammbruch kam, so sehr hatte das Thema die Besucher überrascht und aufgewühlt. Tenor: Wir hatten ja keine Ahnung! So haben wir das noch nie gesehen … Über die Elterngeneration, also die Flüchtlingskinder, hörte ich wiederkehrend folgende Aussagen: Sie seien unglaublich frustriert und daher oft schwer erträglich. Sie vergolden wider besseres Wissen die DDR."[211]

Dass vor allem Kinder der von Flucht und Vertreibung betroffenen Kriegskinder zu den Veranstaltungen kommen, mag der Tatsache geschuldet sein, dass in der DDR prozentual mehr Flüchtlinge und Vertriebene lebten als in der Bundesrepublik und über das Thema kaum gesprochen wurde. Aber auch andere leidvolle Erfahrungen infolge des Krieges wurden in der DDR nicht thematisiert und betrauert. Es könnte also sein, dass die transgenerational weitergegebenen Traumafolgen im Zusammenhang mit Flucht und Vertreibung besonders diffus bleiben, weil sie mehrschichtig sind. Möglicherweise zeigt hier auch der öffentlich präsente Diskurs über Flucht und Vertreibung seine Wirkung, während andere Themen eher weiter beschwiegen werden. Um die angesprochene Frustration der Elterngeneration zu verstehen, ist es nötig, einen Blick auf ihre Erfahrungen im Zusammenhang mit dem Systemumbruch 1989 zu werfen. Wem das Gefühl der Heimatlosigkeit – ob innerlich oder äußerlich – in den Knochen steckt, möglicherweise ohne sich dessen bewusst zu sein, reagiert auf den Zusammenbruch des Gewohnten besonders sensibel.

Die Generation derjenigen, die Flucht und Vertreibung als Erwachsene erlebt hatten, war 1989 schon im Rentenalter. Von den gesellschaftlichen Umbrüchen waren sie damit weit weniger betroffen als ihre Kinder. Zwar erlebten auch sie eine erneute Umwertung der bis dahin geltenden Werte, mussten sich aber nicht mehr um ihre Existenzsicherung sorgen. Die Flüchtlingskinder hingegen standen – wie alle anderen ihrer Generation – noch mitten im Berufsleben und plötzlich einer Vielzahl von kleineren und größeren Herausforderungen gegenüber. Sie hatten in jedem Falle den Verlust der vertrauten Kultur zu verkraften. Zentrale Werte, politische und philosophische Überzeugungen, praktische Lebensformen, Rituale, Identitäten hatten sich quasi über Nacht grundlegend verändert.

Die beiden Psychotherapeuten Michael J. Froese und Christoph Seidler verweisen auf ein nicht zu vernachlässigendes Spannungsfeld, das der Untergang der DDR hinterlassen hat: „Sicher ist, dass neben seelischen Verletzungen, die während der DDR-Zeit entstanden sind, signifikante Verluste zu betrauern sind, die durch ihr Verschwinden kamen. Je älter die Menschen heute sind, desto mehr haben sie unter Umständen mit dem Mauerfall und der deutschen Vereinigung trotz aller Befreiung, Demokratisierung und der Verbesserung des durchschnittlichen Lebensstandards an sicherem Alltag, liebgewordener Heimat und guten Objekten verloren. Diese Verluste

stellen nicht selten eine Neuauflage der Verluste dar, die nach dem Kriegsende in ähnlicher Weise zu verkraften waren."[212]
Die institutionelle und kulturelle Welt des Westens war den meisten Ostdeutschen fremd, der Anpassungsdruck hoch. Fast keine Familie blieb von den Auswirkungen der radikalen Umgestaltung des ostdeutschen Arbeitsmarktes verschont. Die Erfahrungen von Arbeitsplatzverlust, Vorruhestand, anhaltender Unterbeschäftigung, erfolglosen Arbeitsbeschaffungsmaßnahmen, Umschulungen hinterließen ein Gefühl von Ohnmacht und Demütigung, das im kollektiven Gedächtnis Ostdeutschlands fortwirkt.[213] Rund 2,5 Millionen Menschen verloren 1990 und 1991 mit ihrer Arbeit die finanzielle Basis und häufig auch einen wichtigen Lebensinhalt.
Ganz aufgehoben hat sich die Schere zwischen Ost und West bis heute nicht. Trotz allgemein gesunkener Arbeitslosenzahlen ist die Arbeitslosigkeit in den östlichen Bundesländern höher als in den westlichen, obwohl es an qualifizierten Arbeitskräften nicht mangelt. Steffen Schmidt und Hartmut Rosa verweisen zudem auf eine ***westliche „Überschichtung" Ostdeutschlands***[214] aufgrund einer deutlichen und anhaltenden strukturellen Diskriminierung Ostdeutscher bei der Besetzung attraktiver und mit Gestaltungseinfluss verbundener Stellen.
Es ist also weit mehr als nur ein Gefühl der Machtlosigkeit, es sind reale Erfahrungen, in den sich die nachweisbare Schlechterstellung niederschlägt. Dort, wo es um Macht geht, tauchen die Ostdeutschen kaum auf. Die Anteile Ostdeutscher in zentralen Positionen in Politik, Wirtschaft und Massenmedien haben sich seit den 1990er Jahren nur unwesentlich erhöht und bewegen sich noch heute zwischen 0 und etwa 5 bis maximal 10 Prozent.[215] So waren 2016 immerhin 11 von insgesamt 14 Bundesministerien ohne ostdeutsche Führungskraft auf Abteilungsleiterebene.[216]
Stärker als ihre Eltern waren die ostdeutschen ***Kriegskinder***, die 1989 etwa 45 bis 60 Jahre alt waren, mit einem gesellschaftlichen Umbruch konfrontiert, der für viele von ihnen zur Herausforderung ihres Lebens wurde. Auch wenn sie häufig das Glück hatten, dass die eigenen Kinder schon aus dem Haus waren und ein selbständiges Leben

führten, blieben ihnen berufliche Unsicherheit, Arbeitslosigkeit und Neuanfang selten erspart. Eine Diagnose, die Tanja Bürgel für die in den 1950ern Geborenen stellt, trifft vermutlich auch auf die ***Kriegskinder*** noch zu: „Bei Aufsteigern wie bei Absteigern hinterließ der Anpassungsschock das verunsichernde Selbstgefühl einer ‚kooptierten' Generation, die der Welt, in der sie sich zu bewähren hat, erst spät beigetreten war. Dieses Selbstgefühl führt zu einer Sprachlosigkeit, die von ihnen selbst selten als Problem thematisiert wird, wohl aber von ihren Nachkommen."[217]

Das erklärt die häufige Frustration und Unzugänglichkeit, von der die ***Kriegsenkel*** berichten, wenn sie über ihre Eltern sprechen. In verschiedenen Studien zeigte sich, dass die Erinnerungen an den SED-Staat bei den Ostdeutschen über den Erinnerungen an das ***Dritte Reich*** liegen.[218] Für die meisten Ostdeutschen ist nicht der Krieg, sondern das Ende der DDR der wesentliche historische Bezugspunkt. Es ist der jüngste, ihre Identität nachhaltig erschütternde und nach neuer Selbstvergewisserung verlangende Einschnitt in ihrem Leben. Neben den langen Schatten der jeweiligen Erinnerungspolitik und den Spätfolgen des Systemumbruchs wirken hier offenbar die Prägungen durch zwei unterschiedliche Gesellschaftssysteme. Die Bundesrepublik entwickelte sich zu einer individualistisch und hedonistisch orientierten Konsumgesellschaft, in der das Private lange nicht als politisch erschien. Der öffentliche Protest dagegen war möglich und ließ nicht lange auf sich warten. In der DDR herrschte der Staat ganz offensichtlich bis in den Alltag hinein und stellte nicht das Individuum, sondern das Kollektiv ins Zentrum seiner Erziehungsbemühungen. Protest dagegen zeigte sich vor allem als Rückzug ins Private.

Die unterschiedlichen Wertsetzungen haben ihre Spuren hinterlassen. Das Selbstverständnis der Ostdeutschen war – im Gegensatz zu dem der Westdeutschen – nicht primär subjektiv definiert, sondern auf einen Wir-Kontext bezogen. Das beförderte – zumindest bei der Generation, die noch stark durch NS- und DDR-Kollektiverziehung geprägt war – nicht gerade eine Selbstreflexion, die das Ich in den Mittelpunkt stellt. Darüber hinaus diagnostizierte Iris Wachsmuth

„andere Loyalitätsmuster in den ostdeutschen Familien, die eine verstärkte Schutzraumfunktion gegenüber der öffentlichen DDR-Sphäre einnahmen, während die westdeutsche Kindergeneration, sich von der Familie abgrenzend, verstärkt öffentlich-mediale oder institutionelle Angebote aufnahm“[219]. Auch während des Systemumbruchs hatte die Familie in der DDR oftmals eine stabilisierende Funktion.
All diese feinen Unterschiede zwischen Ost und West, die sich immer wieder als wirkungsmächtig erweisen, tragen wohl dazu bei, dass das Interesse der Ostdeutschen am Thema ***Kriegskinder und -enkel*** eher gering ist. Dennoch liegen die Zusammenhänge zwischen Kriegskindheit, den transgenerational vererbten Traumafolgen und den Wendeerfahrungen auf der Hand. Die Notwendigkeit, trotz der einstmals gesicherten Existenz nach 1989 von vorn beginnen zu müssen oder zumindest große Anpassungsbereitschaft zu zeigen, erinnert zweifelsohne an die Situation der Flüchtlinge und Vertriebenen nach 1945.
Nicht selten wird die ostdeutsche Umbruchserfahrung als kollektive Migrationserfahrung beschrieben. „Und tatsächlich bewegten sich die Ostdeutschen über die 1990er Jahre hinweg auch wie Einwanderer durch die institutionelle und kulturelle Welt des Westens. Einerseits fühlten sie sich als ‚Deutsche zweiter Klasse‘ mit unzureichend modernisierter Vergangenheit stigmatisiert, andererseits bemühten sie sich nach Kräften, das eigene Leben an die rasch gewandelten Umstände anzupassen.“[220] Auch die Ablehnung und Skepsis, die viele Flüchtlinge nach 1945 seitens der Alteingesessenen erlebten, ist der Mehrheit der Ostdeutschen aus der Nachwendezeit vertraut. Der Historiker Peter Bender verwies darauf, wie alsbald „Alt-Bundesbürger ihre neuen Mitbürger beargwöhnten. Das Bild, das die Stasigeschichten und die einseitige DDR-Betrachtung schufen, glich fatal dem Bild, das sich viele im Westen schon immer von ihren Landsleuten im Osten gemacht hatten. Konnte man vierzig Jahre unter Ulbricht und Honecker leben, ohne vergiftet zu werden? Was sind das für Leute, die wir in unsere wohlgeordnete Bundesrepublik bekommen? … Die Ostdeutschen fühlten sich mit dem Staat identifiziert, den sie sich gerade vom Hals geschafft hatten.“[221]

Erfahrungen von Abwertung, Geringschätzung und der damit verbundenen Demütigung vermischen sich schnell mit tiefsitzenden Erfahrungen aus vergangenen Zeiten. Oftmals ist die Grenze zwischen Innen und Außen kaum zu ziehen. Die Reaktion auf einen gesellschaftlichen Umbruch bleibt letztlich eine persönliche. Sie sofort in einen kausalen Zusammenhang mit den Auswirkungen von Krieg, Flucht und Vertreibung zu bringen, wäre zu kurz gesprungen. Genauso können es frühe Traumatisierungen und eine ungenügende Beheimatung in der Familie sein, die dazu führen, dass Menschen auf Umbrüche mit Ängsten und Überforderung reagieren. Es scheint wie ein Kreislauf zwischen äußeren und inneren Erschütterungen, dessen Anfang und Ende kaum zu bestimmen ist. Wo sich alles auflöst, das Überleben nicht gesichert ist, die Väter abwesend sind oder völlig zerstört aus dem Krieg zurückkehren, ist es schwer, die innere Beheimatung zu bewahren und weiterzugeben. Es ist schwer, aber unter Umständen möglich. Unmöglich ist es für all die, die schon in Friedenszeiten keine Geborgenheit in ihrer Familie erfahren haben. Die Lebensgeschichte wurzelt also häufig in beidem gleichzeitig: in der Gesellschaftsgeschichte und in der Familiengeschichte.
Für den Psychotherapeuten Hans-Joachim Maaz war das ein hinreichender Grund für seine Berufswahl: „In meiner Familie blieb Vertreibung die eigentliche Ursache aller Familienprobleme. Das war für mich eine unerträgliche Situation. Und ich denke wirklich, ein wesentliches Motiv Psychotherapeut zu werden, war, damit endlich das Schweigen, die oberflächlichen Argumente, die Externalisierung von innerfamiliären Problemen und die empfundene Verlogenheit mit der Spaltung in gut und böse, dass das für mich verstehbar wird und ich es tiefer analysieren kann."[222]
Es ist ebenso verführerisch wie verbreitet, historische Ereignisse als Entlastung zu nutzen, um in die eigenen Untiefen nicht blicken zu müssen. Gleichwohl ist nicht zu leugnen, dass diese Untiefen häufig erst durch historische Ereignisse entstehen. Ob die Aufmerksamkeit eher auf der Familiengeschichte oder auf der Gesellschaftsgeschichte liegt, ist von allerlei individuellen und kollektiven Interessen geprägt. Das hat nicht zuletzt der verschiedene Umgang mit Flucht

und Vertreibung innerhalb verschiedener Familien und innerhalb verschiedener gesellschaftlicher Systeme deutlich gezeigt.

Schicksalsvergleiche und Erinnerungsschatten

Eindringliche Schwarz-Weiß-Bilder von Frauen und Kindern sind die neuen Ikonen der Erinnerung an Flucht und Vertreibung. Spätestens seit der Jahrtausendwende prägen sie das kollektive Gedächtnis. Der Blick richtet sich auf das Schicksal der Betroffenen. Die Bilder sind eindrücklich und damit mächtig. Sie zeigen Einzelschicksale, emotionalisieren und setzen sich im Gedächtnis fest. Der historische Kontext rückt – erneut – in den Hintergrund, wird unsichtbar. Worte kommen dagegen kaum an.

An der Universität Magdeburg wurde die Wirkung des Filmes ***Die Flucht*** (2007) auf Schüler untersucht. Obwohl der Film sich – zumindest verbal – um die Vermeidung eindeutiger Schuldzuweisungen bemüht, hinterließ er am Ende doch das bekannte Stereotyp von ***den bösen Russen***. Die suggestive Kraft der Bilder war stärker als alles andere: Tiefflieger attackieren den Treck, Wagen versinken im Eis, sowjetische Soldaten vergewaltigen Frauen und Mädchen. Was die Schüler nach dem Film mit nach Hause nahmen, war ein einseitiges und damit die historischen Ereignisse verzerrendes Geschichtsbild: „Vor dem Krieg lebten die Deutschen friedlich in ihren ostpreußischen Ländereien, dann kam die marodierende Rote Armee und zerstörte diese wohlgeordnete Welt."[223]

Ein Film ist kein Lehrbuch und gerade die Schule hat die Möglichkeit, den Kontext dieser Bilder vorauszuschicken oder nachzuliefern, das Gesehene einzuordnen. Doch was schon in der Schule oft versäumt wird, findet gesellschaftlich noch weniger statt. Die Bilder stehen für sich, bleiben unkommentiert und entfalten ihre Wirkung. Sie erscheinen absichtsloser als sie es sind.

2015 wurden die oben beschriebenen Bilder der Flüchtlingstrecks in einen neuen Kontext gesetzt. Tausendfach und in Farbe begegneten sie jedem, der das neue Flüchtlingsdrama in den Medien verfolgte.

Die einander ähnelnden Bildmotive der Geflüchteten 1945 und 2015 luden zur Identifizierung und zum ***Schicksalsvergleich*** ein. Kommunen, Kirchen und andere Akteure nutzten den historischen Bezug. Mehr denn je sollte die Erinnerung an die eigenen Geschichten zu einer mitfühlenden Haltung gegenüber den zuwandernden Flüchtlingen beitragen.[224]

Im Hintergrund der öffentlich gezeigten Bilder und erzählten Geschichten werden weiterhin Auseinandersetzungen geführt. Dabei geht es immer wieder neu um die Frage, was im kollektiven Gedächtnis lebendig bleibt, woran erinnert und wovon geschwiegen wird. Weil die Zeitzeugen bald nicht mehr leben und damit auch das Thema Flucht und Vertreibung an Relevanz verlieren könnte, setzten CDU / CSU und FDP sich seit 2011 dafür ein, einen bundesweiten Gedenktag für die Vertriebenen einzuführen. Zahlreiche Parlamentarier und Historiker wehrten sich nicht gegen die Einführung eines solchen Gedenktages, wohl aber gegen den Vorschlag, diesen am 5. August zu begehen. Am 5. August 1950 war in Stuttgart die Charta der deutschen Heimatvertriebenen verabschiedet worden, in der die Vertriebenen sich als die ***vom Leid dieser Zeit am schwersten Betroffenen*** bezeichnen.

Eine solch einseitige Sicht ist in unangenehmer Weise selbstbezogen. Die von deutscher Seite begangenen Verbrechen werden negiert, die eigene Mit-Schuld verleugnet und stattdessen das eigene Opfer-Sein betont. Mehrheiten ließen sich mit einer solchen Haltung 2014 nicht mehr gewinnen. Die Konfliktparteien einigten sich auf einen Kompromiss und legten den Gedenktag auf den 20. Juni, der seit 2001 von den Vereinten Nationen als Weltflüchtlingstag begangen wird. Damit wurde der ***Gedenktag für die Opfer von Flucht und Vertreibung*** in einen internationalen Kontext gesetzt. So konnte eine einseitige Opferperspektive wie eine Relativierung der deutschen Verantwortung vermieden und die Aktualität des Themas betont werden.[225]

Ende 2015 waren weltweit über 65 Millionen Menschen auf der Flucht.[226] Im selben Jahr verwies der damalige Bundespräsident in seiner Rede anlässlich des ersten Gedenktages mehrfach auf die parallelen Schicksale damals und heute. Er wünschte, „die Erinnerung an die geflüchteten und vertriebenen Menschen von damals könnte unser Verständnis für geflüchtete und vertriebene Menschen von heute vertiefen"[227]. Es war vor allem dieser Wunsch aus seiner langen Rede, den die Medien aufgriffen und zitierten. Er spiegelt nicht zuletzt eine neue Sichtweise, wie sie – zumindest in der medial repräsentierten Öffentlichkeit – inzwischen verbreitet ist. Der Blick auf Flucht und Vertreibung hat sich geöffnet und schließt auch die Gegenwart mit ein.

Auf der anderen Seite gibt es immer noch bemerkenswerte ***Erinnerungsschatten,*** die Joachim Gauck einen Monat zuvor auf einer Gedenkveranstaltung zum 70. Jahrestag des Endes des Zweiten Weltkrieges benannte: „Millionen von Soldaten der Roten Armee sind in deutscher Kriegsgefangenschaft ums Leben gebracht worden – sie gingen an Krankheiten elendig zugrunde, sie verhungerten, sie wurden ermordet. Millionen von Kriegsgefangenen, die doch nach Kriegsvölkerrecht und internationalen Verabredungen in der Obhut der Deutschen Wehrmacht standen. (…) Aus mancherlei Gründen ist dieses grauenhafte Schicksal der sowjetischen Kriegsgefangenen in Deutschland nie angemessen ins Bewusstsein gekommen – es liegt bis heute in einem Erinnerungsschatten."[228] Es ist ein Schatten, den eine bestimmte Form des Gedenkens an Krieg, Flucht und Vertreibung lange Zeit geworfen hat und teilweise bis heute wirft. Wo Täter- und Opfer-Sein einander ausschließen und Lebensgeschichten widerspruchsfrei erzählt werden, bleibt gewöhnlich etwas zurück, an das nicht erinnert werden soll.

Sowohl individuelles Erinnern als auch öffentliche Auseinandersetzungen betonen häufig entweder die Täteraspekte oder die Opfererfahrungen. Die jeweils andere Seite bleibt unberücksichtigt. Doch gerade im Krieg entstehen Gewaltdynamiken, in denen es am Ende kaum noch Unschuldige gibt. Nicht selten werden Opfer in einer Spirale der Gewalt oder angesichts auswegloser Situationen zu Tätern. Es geht hier nicht um eine Gleichsetzung von Opfern und Tätern. Opfer machen die Erfahrung existentieller Ohnmacht, während Täter über Macht und Kontrolle verfügen. Recht und Unrecht müssen voneinander unterschieden werden. Es geht um die schwierige Frage,

wie Menschen, die nahe Angehörige im Krieg oder auf der Flucht verloren haben, diesen persönlichen Verlust in eine Beziehung zu einer kollektiven oder auch familiären Tätererfahrung setzen können. Wie kann die notwendige Trauer gelebt werden, ohne stumpf zu sein gegenüber der Trauer von Anderen, wenn Familienangehörige oder zumindest das Kollektiv schuldhaft in diese Trauer verstrickt sind?
Täter- und Opferrolle nicht strikt voneinander zu trennen, erscheint auf den ersten Blick als ein über menschliche Kräfte gehende Herausforderung. Sie gelingt nur, wenn einander entgegengesetzte Empfindungen und Selbstbilder in einer Person zugelassen und ausgehalten werden können.[229] Dazu braucht es Räume und einen erinnerungskulturellen Rahmen, in denen die widersprüchlichen Gefühle von Ohnmacht, Trauer, Angst, Scham und Schuld ihren Platz haben. Langsam wächst die individuelle wie gesellschaftliche Bereitschaft bzw. mit der zeitlichen Distanz die Möglichkeit, die damit verbundenen Spannungen auszuhalten. Jahrzehntelang wurde in Ost wie West die eine Seite hervorgehoben und die andere Seite vernachlässigt. Das kollektive Erinnern blieb vor allem auf rational vermittelte Erkenntnisse reduziert. Emotionen wurden allenfalls dort angesprochen, wo sie dem jeweiligen politischen Interesse dienten. Die Fähigkeit zu trauern und gleichzeitig das eigene Verwobensein in schuldhafte Strukturen bzw. familiäre Täteranteile anzuerkennen, konnte so nicht wachsen.
Leid lässt sich nicht gegeneinander aufrechnen. Es bleibt anzuerkennen, dass der Verlust der Heimat eine existenzielle Erfahrung ist, die ein Leben lang oder auch über mehrere Generationen hinweg nachwirkt. Tabuisierungen ändern daran nichts. Im Gegenteil: Nur was erinnert werden darf, ist als Erfahrung zu bewältigen, auch wenn es dabei zu Widersprüchen und Auseinandersetzungen kommt. Was der Erinnerung nicht zugänglich ist, bleibt fremd, löst Abwehr aus oder überwältigt einen völlig unerwartet. Das lässt sich auch an den Reaktionen auf die im Herbst 2015 angekommenen Flüchtlinge beobachten.

Beheimatetsein und die Haltung zu Geflüchteten

Durch die Flüchtlinge und ihre Geschichten waren Themen wie Flucht, Kriegstrauma und Vertreibung aufs Neue in Deutschland präsent. Sie riefen Erinnerungen an das eigene Schicksal wach, aber auch alte Ressentiments wurden geweckt und Traumafolgen berührt. Zwischen 2013 und 2015 stieg die Zahl der Übergriffe auf Flüchtlingsunterkünfte kontinuierlich und ging seither kaum zurück, obwohl sich die Zahl der einreisenden Flüchtlinge deutlich verringert hat.

Ostdeutsche Spezifika

In verschiedenen westlichen Bundesländern gibt es absolut gesehen eine größere Zahl von rassistisch motivierten Übergriffen, gemessen an den Einwohnerzahlen entfallen prozentual jedoch mehr Übergriffe auf die ostdeutschen Bundesländer.[230] Umfragen belegen, dass fremdenfeindliche Aussagen im Osten deutlich mehr Zustimmung finden als im Westen.[231] Wie diese Unterschiede sich begründen lassen, wird immer wieder neu diskutiert. Die Erklärungen sind erwartungsgemäß vielschichtig: autoritäre Einstellungen aus DDR-Zeiten; wenig Erfahrung mit Migranten; der rapide soziale Wandel nach der Wiedervereinigung, die schlechte ökonomische Lage sowie ein gekränktes Selbstbewusstsein, das ein Wir-Gefühl und eine Abschottung nach außen befördert. All diese Erklärungen haben ihre Berechtigung, lohnen eine eingehendere Betrachtung und greifen möglicherweise am Ende doch zu kurz. Sie nehmen eine Region, ihre Vergangenheit und deren Auswirkungen in den Blick und vernachlässigen dabei aktuelle Fragen, die sich für die gesamte Gesellschaft stellen. Dennoch ist zunächst einmal auf einige historische ostdeutsche Spezifika einzugehen, bevor die gegenwärtige Situation in die Betrachtung einbezogen wird.

Die beiden Psychoanalytiker Michael Froese und Annette Simon weisen darauf hin, dass vieles was schnell als ostdeutsche Besonderheit gesehen wird aus einer kulturübergreifenden Perspektive auch als post-autoritär bezeichnet werden kann.[232] Die DDR war zweifelsfrei ein autoritärer Staat. Uwe Johnson zeigt in seinem Essay ***Versuch, eine Mentalität zu erklären*** von 1970 sehr anschaulich, wie der erzieherische Anspruch dieses Staates das Leben prägte: „Die DDR als Lehrerin, so streng und wunderlich sie auftrat, konnte sich lange Zeit fast unbedenklich verlassen auf die beiden moralischen Wurzeln, die antifaschistische und die der sozialen Proportion, an denen sie die Jugendlichen hielt. Das zeigen die Reaktionen jener, deren Eltern sie Kampf und Nachteile angesagt hatte. Denn die Einladung zum neuen Leben, die Gebärde der weit geöffneten Arme, sie war zum Missverstehen gewesen. Sie hatte nicht allen Kindern gegolten. Mancher Einzelne, der sich der neuen Gemeinschaft gerade als Individuum überantworten wollte, hatte nun zu erfahren, dass er gar nicht als Einzelner angesehen werde, sondern als Angehöriger einer Gruppe."[233] Zweierlei, was viele ostdeutsch Sozialisierte bis heute prägt, wird hier verhandelt: das ambivalente Verhältnis zu einem autoritär auftretenden Staat, der Werte vermittelt, sich fürsorglich zeigt und bestraft, wo er es für richtig hält und der Eigenverantwortung gering schätzt, wo sie den vorgegebenen Interessen widerspricht.
Bis heute fällt ein anders gelagerter Bezug der Ostdeutschen zum Staat auf. Darauf verweist auch die Präsentation ihrer Lebensgeschichten. In jedem Interview ist der Staat als Gegenüber präsent. Das ist bei der Mehrzahl der interviewten Westdeutschen anders. Staat und Politik tauchen hier kaum auf, wenn über die eigene Biographie gesprochen wird.

„Wir hatten dann ja auch so unsere Auflagen, die sagten: so und so viele Leute müssen in die DSF rein, Deutsch-Sowjetische-Freundschaft, und das hat mich ein bisschen geärgert. Wenn man nicht in die DSF rein wollte, dann wollte man nicht rein. Oder es waren so und so viele, die müssen in die FDJ. Von der Schule, vom Studium aus hatten sie mal so etwas gestartet,

da ging es darum, dass möglichst viele Kommilitonen in die SED gehen.“ (Jg.58/MV/w)[234]

„Ich hab mich gesellschaftlich engagiert. Seinerzeit war ich überzeugt davon, im besseren der beiden deutschen Staaten zu leben und habe das dann auch bis zu meinem Studium für mich so erleben dürfen. Mir hat nichts gefehlt. Ich war jetzt aber auch nicht darauf aus, dass ich unbedingt eine Jeans aus dem Westen haben musste, um glücklich zu sein. (...) Ich hab Abitur gemacht in P. und bin dann gleich nach dem Abitur zur Offiziershochschule nach Z. gegangen, zur NVA, hab dort studiert. Und während der Zeit des Studiums sind mir, was die Umsetzung des Sozialismus in der DDR betrifft, doch viele Zweifel gekommen.“ (Jg.68/MV/m)[235]

„Ich bin immer aufgemuckt. Meine alte Nachbarin sagte: Frau E., Sie holt man nochmal ab. Sag ich: Wieso, weil ich die Wahrheit sage? Ich darf die Wahrheit sagen. Da war ich mal bei der Dienstversammlung bei meinem Mann, da war ich Halbtagskraft ... und hab gefragt: Die Gemeinschaftspraxisvorsitzenden, kriegen sie wegen der Parteizugehörigkeit die 200 Mark mehr oder weil sie ein größeres Wissen haben?” (Jg.39/MV/w)[236]

Sich dem staatlichen Zugriff gänzlich zu entziehen, war in der DDR nahezu unmöglich. So haben viele Ostdeutsche eine spezifische Form äußerlicher Anpassung bei gleichzeitiger innerer Distanz trainiert: die Unterwerfung ohne Anerkennung der Autorität.[237] Wer im Osten aufwuchs, erlebte einen Staat, der autoritär regierte, sich in vieles einmischte und damit für so manches auch in der Verantwortung stand. Wer im Westen aufwuchs, erlebte einen Staat, der gewisse Spielräume zuließ und zunehmend Verantwortung an das Individuum delegierte. Welche Phänomene lassen sich damit 25 Jahre nach dem Mauerfall noch erklären? Die verschiedenen Prägungen könnten beispielsweise eine Rolle spielen, wenn Kriegskindervereine vorrangig im Westen entstehen. Hier wird eher im Individuum

und in der Familiengeschichte nach den Wurzeln der seelischen Verfasstheit, Desorientierung und Wurzellosigkeit gesucht während das Gesellschaftliche in einen teilweise trügerischen Hintergrund tritt.
Auch im Umgang mit Flüchtlingen sind gesellschaftliche Prägungen präsent, vor allem dort, wo in erster Linie nach einem starken Staat gerufen wird. Die Solidarität mit den ***unterdrückten Völkern*** war zwar Teil des staatlichen Programms. Doch es gab nur wenige Ausländer in der DDR, gerade mal ein Prozent der Bevölkerung. Sie lebten größtenteils isoliert in eigenen Unterkünften. Ihre Integration war nicht vorgesehen, Austausch mit den Einheimischen gab es kaum. Gewöhnlich blieb man einander fremd. Wo es dennoch zu persönlichen Begegnungen kam, wuchs nicht selten eine Freundschaft, die beiden Seiten den Alltag bereicherte.
Über die Wirkungen des staatlich verordneten Antifaschismus, der mit einem öffentlich tabuisierten, aber vorhandenen Antisemitismus und Rassismus in der DDR einherging, ist viel geschrieben worden. Doch sucht man nach den Gründen für die anhaltenden Unterschiede bezüglich der durchschnittlichen Fremdenfeindlichkeit, reicht ein Blick auf die historischen und kulturellen Gegebenheiten nicht aus. Offenbar spielt hier auch die derzeitige Zusammensetzung der Bevölkerungen in Ost- und Westdeutschland eine nicht unwesentliche Rolle. Forscher haben die Ergebnisse einschlägiger Umfragen erneut ausgewertet, indem sie unter den Befragten für jede Person aus Ostdeutschland eine Person aus Westdeutschland mit ähnlichem sozio-ökonomischen Hintergrund gesucht haben. Es gelang ihnen nur in der Hälfte der Fälle, solche vergleichbaren Paare zu bilden. Innerhalb dieser Paare ließen sich keine bedeutsamen Unterschiede hinsichtlich ihrer Fremdenfeindlichkeit feststellen. Allerdings gab es wesentliche Unterschiede hinsichtlich der sozialen Zusammensetzungen beider Bevölkerungen. „Frühere Studien haben einen Zusammenhang zwischen sozio-demografischen Faktoren – also beispielsweise Alter, Einkommen, soziale Schicht, Geschlecht – und Fremdenfeindlichkeit in Gruppen nachgewiesen. Und genau in diesen Faktoren unterscheiden sich die Bevölkerungen in Ost- und Westdeutschland noch immer deutlich.“[238] Dasselbe Phänomen zeigt

sich auch in anderen Bereichen: Werden sozio-ökonomische Daten hinzugezogen, löst sich der vermeintliche Zusammenhang zwischen Schulerfolg und Migrationshintergrund fast auf.
Die Lebensverhältnisse in Ost und West haben sich, z. B. im Hinblick auf Konsumgewohnheiten, Bildungsabschlüsse, Lebenserwartung und Kinderzahlen, weitgehend angenähert. Längst verlaufen die Unterschiede nicht mehr ausschließlich entlang der alten Grenze. Doch in wesentlichen Bereichen wie Bevölkerungsentwicklung, Wirtschaftskraft, Vermögen, Erbschaften zeichnet sich diese Grenze immer noch exakt ab.[239] Darüber hinaus leben in Westdeutschland mehr Menschen in Städten und deren Umgebung, in Ostdeutschland ein Großteil der Bevölkerung auf dem Land, unter ihnen viele Alte. Die gut Ausgebildeten, vor allem junge Frauen, verlassen die strukturschwachen Regionen und ziehen in die Städte oder nach Westdeutschland.
Es gibt historisch-kulturelle Besonderheiten in Ostdeutschland, aber auch soziale und demografische. Die Auswirkungen des allgemeinen gesellschaftlichen Wandels durch Neoliberalismus und Globalisierung sind hier – in Folge des Systemumbruchs von 1989 – stärker als andernorts zu beobachten. Zweifellos gibt es einige, die von diesem Wandel profitieren, aber es gibt eben auch so einige, die daran kaum teilhaben können oder wollen.
Die Haltung gegenüber ankommenden Flüchtlingen scheint nicht zuletzt davon geprägt, wie Menschen gesellschaftliche Veränderungen in der Vergangenheit erfahren haben bzw. in der Gegenwart erleben. Man könnte es auf die kurze Formel bringen: Wer nicht angekommen ist, kann andere nicht willkommen heißen. Das betrifft Ostdeutsche, Westdeutsche und Migranten gleichermaßen. Es betrifft all jene, die sich in der Gesellschaft, in der sie leben, nicht (mehr) zugehörig fühlen.

Das Sein bestimmt das Bewusstsein

Nicht nur in Ostdeutschland gibt es viele, die kein Vertrauen in die Institutionen und in die Zukunft haben. Die einen haben Angst vor sozialem Abstieg, die anderen keine Hoffnung auf sozialen Aufstieg. Sie erleben, dass die eigene Kraft nicht reicht, um in der sich verändernden Gesellschaft anzukommen. Sie sehen, wie 78 Prozent der AfD-Wähler, die Globalisierung und die kulturelle Liberalisierung als Bedrohung. Sie wären gerne integriert, aber sie fühlen sich abgehängt, nicht mehr zugehörig.

Die rasanten Veränderungen auf dem Arbeitsmarkt, die zunehmende Eigenverantwortung oder die Infragestellung ihrer Norm- und Wertvorstellungen wachsen ihnen über den Kopf. Sie sind im wahrsten Sinne des Wortes überfordert, haben den sprichwörtlichen Boden unter den Füßen verloren. Sie finden sich in der Gegenwart nicht mehr zurecht, gehen in den Widerstand, verorten ihre Heimat im Gestern.

Lange Zeit schien es so, als wären mit dem Ende des Sozialismus auch die Klassengesellschaften verschwunden. Inzwischen fragen sich Teile der liberalen Elite, ob sie sich nicht einfach an deren Spitze gesetzt haben: „Es stimmt ja, wir haben viel Gutes in die Welt gebracht, Gerechtigkeit und Freiheit für Frauen, Migranten, Behinderte, Homosexuelle, das alles ist unsere Tradition. Doch die Klassen haben wir nicht abgeschafft. Wir haben uns nur an die Spitze der Klassengesellschaft gesetzt, und jetzt kommt es uns so vor, als hätten alle Schranken sich geöffnet. Von unten dürfte das Ganze anders aussehen.“[240]

Die derzeitigen gesellschaftlichen Auseinandersetzungen und Verwerfungen auf eine Frage der Klassen zu reduzieren, greift zu kurz. Dennoch bleibt eine wachsende Spaltung der Gesellschaft festzuhalten, die gerade auch in der Flüchtlingsfrage von nicht zu unterschätzender Bedeutung ist. Ost- und westdeutsche Eliten haben sich einander weitgehend angeglichen. Ihr gemeinsamer Abstand zur Bevölkerung wächst.[241]

Mit fortschreitender Globalisierung stehen zentrale Werte, Überzeugungen, Lebensformen, Rituale und Identitäten von weiten Teilen der Bevölkerung in Frage. All das verändert sich genau genommen ohnehin ständig und existiert nicht in statischer Form. Doch es gibt Zeiten des Umbruchs, in denen diese Veränderungen so massiv sind, dass sich starke, auf Beharrung zielende Gegenkräfte entwickeln. Das Bedürfnis nach Freiheit und das Bedürfnis nach Sicherheit in eine Balance zu bringen, mit der die Mehrheit leben kann und will, ist eine immer wiederkehrende Zerreißprobe.

Wie beheimatet, äußerlich und innerlich, muss einer sein, um sich seiner selbst sicher zu sein? Worin gründet das sichere Gefühl, das Menschen offen für das Neue, Unbekannte, ihnen zunächst einmal Fremde sein lässt? Gerade Flüchtlinge und Vertriebene, aber auch andere Migranten machen die Erfahrung, dass Heimat eher ein innerer Ort ist. Häufig ist es eine Erinnerung an die Kindheit, an Orte, die es in der Wirklichkeit nicht mehr gibt. Manche ahnen das und vermeiden die Konfrontation mit der alten Heimat, andere kehren nach einer enttäuschenden Begegnung nie wieder dorthin zurück. Das Heimweh bleibt, weil das einstmals verlassene Zuhause nicht mehr existiert. So ist es auch mit einer Welt, die sich mit oder ohne das eigene Zutun und die eigene Zustimmung verändert. Es geht für alle um Heimat als sicheren Ort, als Ausgangsbasis für Entwicklung. Für die, die fliehen, aber auch für die, bei denen sie ankommen.

Erfahrungen von Zuwanderung sind nicht neu: Am Ende des 19. Jahrhunderts lebten aufgrund der Landflucht mehr als 50 Prozent ***Fremde*** in jeder großen Stadt. 1945 kamen die Flüchtlinge und Vertriebenen aus den Ostgebieten. Heute suchen Menschen aus Kriegs- und Krisengebieten in Deutschland ein neues Leben in Sicherheit. Viele beschwören dennoch einen entscheidenden Unterschied: Damals seien Deutsche zu Deutschen gekommen. Sie hätten wenigstens die Sprache und die Kultur geteilt. Befragt man Quellen aus der Nachkriegszeit, belegen sie, dass es damals ähnliche Ängste und Abwehrmechanismen gab wie heute. Der Respekt gegenüber dem ***Anderen*** war nicht weit verbreitet. Das Lokale war das Vertraute, das weiter Entfernte eher suspekt. Sorge um die eigene Existenz, allgemeine Zukunftsängste, tief verankerte Ressentiments und Fremdheitsgefühle ließen die Einheimischen einen fundamentalen Unterschied zu den Flüchtlingen behaupten. Sie wurden als ***Habenichtse*** und minderwertig angesehen, als ***Polacken, Zigeuner*** oder ***Rucksackdeutsche*** beschimpft. Noch dazu unterstellte man ihnen, sie hätten sich dem Nazi-Reich besonders angedient und begründete mit dieser Schuldzuweisung die mangelnde Solidarität. Mancherorts war die Unterscheidung zwischen Einheimischen und Flüchtlingen weitaus zentraler als die zwischen Nazis und Nazigegnern, Schwarzen und Roten, Katholiken und Protestanten.[242]

Damals wie heute gab es Menschen, die versucht haben, den Flüchtlingen den Neuanfang zu erleichtern. Aber es gab mindestens ebenso viele, die keine ***Fremden*** in ihrem Haus wollten, die in ihnen vor allem Konkurrenten um Brot, Wohnraum und Arbeit sahen. Es ist nicht in Abrede zu stellen, dass die Einquartierungen oft mit erheblichen Einschränkungen für die Einheimischen, die teilweise auch nicht viel hatten, einhergingen. Dennoch bleibt festzuhalten, dass kaum einer neugierig war auf ihre Geschichte und ihre Kultur. Die fremden Dialekte, Gerichte und Gerüche, die andere Kleidung – all das wurde vor allem kritisch beäugt und zumeist abfällig bewertet.

Heimat ist ein Ort der Geborgenheit, der Vertrautheit, des Verbundenseins. Wer sich abgelehnt und zurückgesetzt, als Mensch zweiter Klasse fühlt, kann sich nur schwer verorten. Heimat ist ein Gegenbegriff zu Entwurzelung und Entfremdung. Damit wird die Frage zentral, worin die eigene Verwurzelung begründet ist. Der Psychotherapeut Hans-Joachim Maaz verweist darauf, dass Beheimatung in erster Linie ein innerseelischer Vorgang ist. „Es geht also um die ganz individuelle Erfahrung, dass ich bestätigt bin in meinem Leben, dass ich geborgen bin, Schutz und Vertrautheit erfahre, sichere Bindung erlebe, also alles in allem die Erfahrung bejahter Daseinsberechtigung und liebevoller Begleitung, was zu einem stabilen inneren Selbstwert führt. Bleibt Heimat ein innerer Ort, dann wird der Verlust äußerer Heimat nicht so traumatisierend sein können. Bleibt die innere Beheimatung aber brüchig und unsicher, bleibt man an äußere Erfahrungen, an Gewohnheiten, Gebräuche, an Sprache, Klänge, Gerüche, Landschaften und Umgebung und an früh erworbene Fähigkeiten gebunden, verliert (man) mit der Heimat und Flucht oder Umsiedlung in eine fremde Umwelt einen Teil des Selbst."[243] Verwurzelung und Stabilität, die sich aus einem frühen Weltvertrauen speisen, sind zweifelsohne hilfreich. Das gilt sowohl für jene, die fliehen müssen als auch für jene, die die Geflüchteten aufnehmen wollen oder sollen. Auf beiden Seiten braucht es Menschen, die offen sind für das Ungewohnte, das ihnen zunächst einmal Fremde. Dafür braucht es aber auch Bedingungen in der Gegenwart, die nur gemeinsam zu gestalten sind.

Die Anthropologin Ina-Maria Greverus versteht Heimat „als den aktiven Prozess des Sich-Beheimatens in einem Raum, der Sicherheit als materielle und emotionale Verhaltenssicherheit, Aktivitätsentfaltung, Stimulation und Identität gewährleistet. Heimat ist somit kein einmaliger und unveränderlicher Raum, der sich durch Elternhaus, Lindenbäume, Muttersprache und Vaterlandslieder auszeichnet, sondern eine Chance menschlichen Werdens."[244] Heimat ist damit kein statischer, sondern ein ständig neu zu erschaffender Ort. Um sich einen neuen Ort aneignen, ihn mitgestalten zu können, braucht es – im Idealfall – jenen sprichwörtlichen Boden unter den Füßen, der einem durch materielle und emotionale Sicherheit vermittelt wird. So werden Ankommen einerseits und Willkommenskultur andererseits erst möglich. Es geht nicht darum, Menschen mit Heimat zu versorgen. Es geht darum, Menschen die Räume und Möglichkeiten zu eröffnen, sich an der Schaffung von Heimat zu beteiligen.

Scheinbar gibt es einen nicht so leicht zu überwindenden Graben: Auf der einen Seite die, die innerlich oder äußerlich ausreichend beheimatet sind; auf der anderen Seite die, die es nicht sind. Der Schriftsteller und Holocaust-Überlebende Jean Améry hat den revoltierenden 68ern, denen Heimat leicht als etwas Verächtliches, als Domäne der Rechten galt, entgegnet: „Man muss Heimat haben, um sie nicht nötig zu haben."[245] Er wusste nur allzu gut darum, wie es sich anfühlt, aus seiner Heimat verjagt worden zu sein. Den Wunsch nach Heimat gering zu schätzen, es als spießigen Dünkel abzutun, wenn Menschen sich irgendwo beheimatet wissen wollen, erschien ihm unangebracht und hochmütig. Auf die Frage, wieviel Heimat braucht der Mensch, antwortete Améry in seinem gleichnamigen Es-

say: „Es lässt sich, was der Mensch an Heimat nötig hat, nicht quantifizieren. Und doch ist man gerade in diesen Tagen, da die Heimat an Reputation verliert, stark versucht, die bloß rhetorische Frage zu beantworten und zu sagen: Er braucht viel Heimat, mehr jedenfalls, als eine Welt von Beheimateten, deren ganzer Stolz ein kosmopolitischer Ferienspaß ist, sich träumen lässt. (…) Was bleibt, ist die nüchternste Feststellung: Es ist nicht gut, keine Heimat zu haben."[246]
Heimat ist für die meisten Menschen mit den Orten ihrer Kindheit und Jugend verbunden. In der Regel erlebten sie dort Geborgenheit, fühlten sich einer Familie wie einer Großgruppe zugehörig, waren in der je eigenen Umgebung verankert. Und es gab eine Hoffnung auf Zukunft, auf Entwicklung. Was der Mensch in frühen Jahren, ganz nebenbei und unbewusst aufnimmt, prägt seinen Geschmack, seine Vorlieben, seinen Charakter, seine Identität. Dazu gehört nicht zuletzt auch die Muttersprache, die zu erlernen es kein Pauken von Grammatikregeln braucht.
Geht einer in die Fremde, ob als Migrant, Vertriebener, Aussiedler oder Flüchtling, gilt es, sich andere Regeln des Zusammenlebens, eine andere Sprache anzueignen. Die meisten Erwachsenen verunsichert es, wieder so lernend zu sein wie als Kind. Wenn noch der Schmerz über den Verlust der Heimat hinzu kommt, ist die Versuchung groß, sich in geschützte Räume, in das Vertraute zurückzuziehen. Das kann zunächst einmal sehr stabilisierend wirken. Werden jedoch alle Anstrengungen, die mit dem Ankommen in einer anderen Gesellschaft verbunden sind, über lange Zeit vermieden, endet ein solcher Rückzug in einem Zustand der Isolation.
Letztlich können Prozesse der Migration wie auch der Integration auf beiden Seiten zu Identitätserschütterungen führen. Fühlen die so genannten Ein-Heimischen sich nicht mehr heimisch, sondern eher fremd in der Gesellschaft, werden sie zu Verteidigern der Vergangenheit. Kommen tief verankerte Ressentiments oder ein verlorenes Selbstwertgefühl hinzu, reagieren sie mit starker Abwehr auf die neuen Zuwanderer. Manchmal steht auch ein erfahrener Heimatverlust dahinter, der sich tief in die Familiengeschichte eingeschrieben hat, weil er nicht bewältigt wurde.

Die geführten Interviews verweisen auf einige bemerkenswerte Aspekte im Zusammenhang mit den hier verhandelten Fragen. Nur wer selbst angekommen ist, kann andere willkommen heißen. Dieser Satz gilt für die gegenwärtige Situation angesichts der ankommenden Flüchtlinge. Er gilt ebenso für die Erfahrungen nach Flucht und Vertreibung, die inzwischen mehr als 70 Jahre zurückliegen. Wer mit seiner Familie gut aufgenommen wurde oder nach einigen Mühen in der neuen Heimat gut angekommen ist, hat den heutigen Flüchtlingen gegenüber zumeist eine aufgeschlossene Grundhaltung.

> *„S: Rückblickend kann man sagen, man hat ein glückliches Leben gehabt. Das andere was war, ist vergessen. Man ist hier oben gelandet. Noch haben wir Frieden. Die ersten terroristischen Sachen rollen zwar auf uns zurück, weil wir es nicht anders wollten. Aber noch haben wir Frieden. W: Also, es ist doch toll in welchem Land wir leben, egal ob in Schleswig-Holstein oder Mecklenburg-Vorpommern oder Bayern, überall können wir hinreisen. Das ist für mich die Sache, dass ich mich frei bewegen kann und dass ich denke kann wie ich will. (...) Also helfen auf jeden Fall. Und das stimmt auch. Wir sind letzten Endes ein reiches Land. Aber wenn man die Berichte hört, dass Menschen hier ins Land gekommen sind, ohne registriert zu werden, dann finde ich es nicht gut. (...) S: Es wäre besser, wenn ihnen Zuhause geholfen würde. Das sehe ich ein. Ich wäre ja auch lieber in Ostpreußen geblieben. Aber wenn man die Heimat verliert, und die verlieren ja noch mehr. Ein ganz anderes Klima haben die hier, ganz andere Menschen, eine ganz andere Sprache. Die haben ja noch mehr verloren als wir im Grunde genommen. Und dann kann man sie nicht weiter ertrinken lassen." (S:Jg.31/W:Jg.34/ SH/m)*[247]

Wer hingegen zurückblickt auf eine Zeit, die bis heute nicht verheilte Wunden hinterlassen hat, ist vielleicht nicht völlig verschlossen, aber weniger mitfühlend. Hier zeigt sich, dass das eigene nicht verarbeitete Leid, Verluste die nicht betrauert wurden, Integration die nicht gelungen ist, durchaus über Jahrzehnte wirken. Die Offenheit gegenüber den ankommenden Flüchtlingen unterscheidet sich nicht unbedingt nach Ost- oder West-Herkunft. Auffällig ist, dass vor allem diejenigen eine skeptische bis ablehnende Haltung vertreten, die nach wie vor mit den Folgen von politischen, kulturellen und sozialen Umbrüchen beschäftigt sind. Dazu gehören ehemalige DDR-Bürger und Migranten, aber auch Alt-Bundesbürger, die in ihrer Identität verunsichert sind und die Ankunft von Geflüchteten als Bedrohung für die eigene Existenz wahrnehmen.

> *„Die Querelen, die wir jetzt haben mit unseren Flüchtlingen, das ist auch so ein Thema. Das müssen wir gar nicht diskutieren. Denen soll geholfen werden, die müssen auch irgendwo hin. Aber Fakt ist, die können nicht alle nach Deutschland kommen. Da muss man gegensteuern, ist egal wie."[248](Jg.51/SH/m)*

> *„Es gibt viele Rechtsextreme in N. Und es gibt viele Fremde in N. Das ist schon ein Schmelztiegel. Da leben auch viele türkischstämmige Menschen. Die habe ich übrigens hier, bei Anmeldungen (im Kindergarten, Anm. d. Verf.), als ziemlich radikal erlebt, die Türken. Das hat mich richtig schockiert. Wenn hier türkische Familien kamen, die ihre Kinder anmeldeten und sagten: Aber hier die Flüchtlinge, die müsst ihr alle draußen lassen, das geht gar nicht."[249](Jg. 59/SH/m)*

Es ist zu vermuten, dass hier in den Geflüchteten unter anderem Konkurrenten gesehen werden und manch einer im übertragenen Sinne einen Heimatverlust befürchtet. Das betrifft nicht nur jene, die eigene Fluchterfahrungen haben. Doch wer sie hat, wird durch die Begegnung mit anderen Geflüchteten nicht selten auch mit vergessenen und verdrängten Erinnerungen konfrontiert.
Unter meinen Interviewpartnern waren zwei Frauen, die Flucht und Vertreibung als Kinder erlebt hatten und ehrenamtlich in der Flüchtlingshilfe engagiert waren. Die regelmäßigen Begegnungen mit den Geflüchteten brachten sie an den Rand ihrer Kräfte. Eine von

ihnen wurde ernsthaft krank, die andere wechselte den Einsatzort. Es liegt nahe, dass die beiden Frauen überfordert waren, weil sie innerlich keine Distanz zu den Schicksalen der Geflüchteten hatten. Dies wiederum ließe sich als Beweis dafür lesen, dass unverarbeitete Erfahrungen im Zusammenhang mit Flucht und Vertreibung nicht zwangsläufig zu Fremdenfeindlichkeit führen.

> *„Da bin ich einfach hingegangen und hab das gemacht. Ich hab ja auch Zeit genug dafür und es ist ja auch nicht so anstrengend... Ich war erst oben bei der Ausgabe und Verteilung. Aber das hat mich da überfordert. Nicht von der Arbeit her, sondern von der Psyche, von diesem Anblick her und von diesen Kindern. Das war nichts für mich. Damit kam ich nicht zurecht. Teilweise waren sie sehr anspruchsvoll. Und dann konnte man sich nicht verständigen. Die meisten konnten noch nicht mal Englisch. Und die Kinder dann. Einige wollten so viel haben. Ich meine, ich hätten ihnen alles gegeben, aber... Das macht mich irgendwie so krank. Wenn ich mir das so vorstelle: diese Frauen da mit den kleinen Kindern und wie die hier zurechtkommen wollen, wie die hier leben wollen und das ganze Schicksal, was sie durchgemacht haben." (Jg.38/SH/w)*[250]

Menschen, die mit traumatischen oder unverarbeiteten Erfahrungen leben, reagieren auf Stress wie auf unüberschaubare Veränderungen besonders stark. Dass Bewegungen wie Pegida und die AfD mit ihrer Kritik an der Flüchtlingspolitik viel Zuspruch erfahren, wurzelt nicht zuletzt auch darin. Besonders in Ostdeutschland befürchten viele nach dem jüngsten und nicht immer zur eigenen Zufriedenheit bewältigten Systemumbruch einen neuerlichen kulturellen Wandel. Unabhängig davon, wie offen oder kritisch sie sich zum Zuzug von Geflüchteten äußern, erwarten alle Befragten – bis auf Ausnahmen, die allerdings eher in Westdeutschland zu finden sind – eine hohe Anpassungsbereitschaft der Flüchtlinge. Parallel dazu wird die Integrationsfähigkeit der Gesellschaft eher kritisch gesehen und eine Begrenzung der Flüchtlingszahlen gefordert. In Ostdeutschland wird häufiger auf die schwierige Nachkriegssituation Bezug genommen, während in Westdeutschland in der Regel eine gewisse Zufriedenheit mit der derzeitigen Lebenssituation herrscht. Hier spielen zum einen tatsächlich vorhandene soziale Unterschiede eine Rolle. Zum anderen ist zu vermuten, dass nicht wenige Ostdeutsche sich als doppelte Verlierer sehen.

> *„Der Staat muss für das Geld sorgen, damit die Flüchtlinge wenigstens einigermaßen menschenwürdig leben. Wobei ich eins nicht verstehen kann: Sie flüchten vor dem Krieg und dem Terror im eigenen Land und hier müssen sie doch erstmal glücklich sein, dass sie in Frieden ein Obdach gefunden haben und Essen und Trinken haben. Und trotzdem, z.B. in J. wird vieles zurückgegeben. Das schmeckt uns nicht und dies und das. Das finde ich ein bisschen unhöflich. (...) Was mein Vater auch sagt: Die laufen alle mit ihrem i-Phone rum. Wir hatten nicht mal was zu essen. (...) So genau positioniert er sich nicht. Er sagt bloß immer: Uns hat auch keiner geholfen. Und wir waren Deutsche, die aus Deutschland vertrieben worden sind. Uns hat keiner geholfen. Da ist wohl ein bisschen Verbitterung bei, wenn er das so ausdrückt.“ [251] (Jg.58/MV/w)*

> *„Das ist die Haltung, die ich von vielen Menschen höre, gerade Menschen unserer Generation und auch älter... Es ist diese Haltung, ja man muss helfen, aber es sind zu viele. (...) Also bei meiner Mutter (Flüchtlingskind, Anm. d. Verf.) hat sich jetzt keine Gegenhaltung entwickelt, aber einfach nur: Man muss endlich was unternehmen von Seiten der deutschen Regierung, um einfach diese Masse abzublocken. Und man muss auch mal Klartext reden, nicht jeder darf nach Deutschland. Asyl ist wirklich für Asylbewerber, für Leute, die es in gewisser Form wirklich brauchen und nicht nur weil es ihnen schlechter ging. Dann kommt gerade bei meiner Mutter auch: Uns ging es nach dem Krieg auch nicht so gut und vielen anderen auch nicht.“ [252](Jg.68/MV/m)*

„Die Leute tun mir unheimlich leid. Ich weiß, was sie durchmachen. Dass die Grenzen aufgemacht werden, ist schön, aber so langsam haben wir genug. Das ist meine Einstellung, aber ich mach da keinen Gebrauch von. Aber ich denke dann mitunter: die Tausende, die jetzt noch in der Türkei sind, irgendwann kommen die auch nach Deutschland, wo jetzt sowieso Knatsch mit der Türkei ist. Wir werden so langsam übervölkert von Ausländern."[253]*(Jg.25/SH/w)*

„Was kulturell ein Problem ist, liegt auf der Hand. Es hängt davon ab, inwieweit der Flüchtling in der Lage und auch bereit ist, sich der neuen Gesellschaft, der gegenwärtigen, anzugleichen. Davon wird es abhängen. Es ist ja klar, ich glaub man braucht es nicht erklären, dass diese Menschen ein anderes Leben hatten, ein anderes Umfeld, eine andere Natur, eine andere Gesellschaft, in der sie anders geformt wurden als wir es sind. Von daher denke ich ist das schon naturgegeben so, dass sie selbst ein Problem haben, ohne dass sie eins haben wollen. Sie haben es einfach, weil sie sich verändern müssen, wenn sie gleich sein wollen. Wenn sie ein Mitglied der Gesellschaft sein wollen, werden sie es sich selbst nicht ersparen können, daran zu arbeiten."[254]*(Jg. 38/SH/m)*

Einen einfachen kausalen Zusammenhang zwischen eigenen Fluchterfahrungen und der Haltung zu den ankommenden Flüchtlingen gibt es nicht. Dennoch zeigt sich in den Interviews, dass die jeweiligen Erfahrungen im Zusammenhang mit Flucht und Vertreibung bzw. mit Migration und deren Verarbeitung durchaus eine Rolle spielen. Diejenigen, die gut aufgenommen wurden oder denen es späterhin gelungen ist, ein Leben zu führen, mit dem sie zufrieden sind, zeigen im allgemeinen weniger Abwehr als diejenigen, die nicht gut aufgenommen wurden oder unter sie verunsichernden Umständen leben. Nicht selten finden sich hier Haltungen, die unter anderem durch transgenerationale Übertragungen geprägt wurden. Dass solche Übertragungen durchaus auch im positiven Sinne wirken, wussten gleich mehrere Interviewpartner zu berichten. Wo Eltern oder Großeltern soziales Engagement und Offenheit gegenüber ***Anderen***, ob in Vereinen, gegenüber sozial Schwächeren oder Geflüchteten vorleben, finden sich zumeist Kinder und Enkel, die es ihnen nachtun.

Unabhängig vom Alter gibt etwa ein Drittel der Ehrenamtlichen in der Flüchtlingshilfe einen familiären Vertreibungshintergrund an.[255] Das ist ein weitaus höherer Anteil als der in der ersten Generation betroffenen 20 Prozent der Bevölkerung. Wer Flucht und Vertreibung selbst erlebt hat, weiß, was es bedeutet, vor Krieg zu fliehen und unterscheidet sich darin noch heute von Gleichaltrigen, die diese Erfahrung nicht haben.

> *„Dass die Haltung der Flüchtlinge generell eine andere ist als die der Hiesigen, das stelle ich immer wieder fest bei Diskussionen. Da bin ich einer in unserem Kreis. Wir sind 12 Personen, männlich, aus verschiedenen Berufsgruppen. Das fängt beim Professor an und geht bis zum Handwerker... Da ist einerseits Verschwiegenheit, also wenig Diskussionsbereitschaft, andererseits aber wird durchaus auch darüber (über die zuwandernden Flüchtlinge, Anm.d.Verf.) diskutiert und natürlich hab ich schon den Eindruck, dass ich der Einzige unter denen bin, der Fluchterfahrung von den Kindheitstagen hat. Alle anderen nicht. Das sind überwiegend alles Schleswig-Holsteiner. Da ist noch einer dabei, der ist schon im Westen geboren, aber seine Eltern kommen aus dem Sudetenland, also auch Flucht. Das wird sich sicherlich auch auf ihn übertragen haben, denn er denkt ähnlich wie ich. Das kann man schon gut so ausmachen, dass es da einen Unterschied gibt." (Jg. 38/SH/m)*[256]

Durch Eheschließungen zwischen Flüchtlingen und Einheimischen in der Nachkriegszeit leben immer mehr Menschen mit Eltern oder Großeltern, die eine Fluchtgeschichte haben. Dennoch verweist auch in der dritten und vierten Generation nur ein Drittel der in der Flüchtlingshilfe Engagierten auf einen familiären Hintergrund.

Offenbar speist sich die Motivation der Jüngeren erheblich weniger als die der Älteren aus einem Schicksalsvergleich und familiärer Betroffenheit, zumal die direkten Erfahrungen hier zwei oder drei Generationen zurückliegen.[257]
Eine der ungeklärten Fragen in der deutschen Gesellschaft ist ihre Haltung zu Einwanderung und Integration. Deutschland braucht seit Jahrzehnten Zuwanderung und leugnet gleichzeitig, dass es ein Einwanderungsland ist. Diese Rechnung geht nicht auf.

> *„Das Problem, was wir haben und was sich eben die Rechten als Grundsatz nehmen, sind die unterschiedlichen Kulturen. Und daraus machen dann die Rechten: die sind anders, wir sind arisch und die nicht. Das ist alles Quatsch. Aber was schon ein Problem ist, dass Kulturen auf Zwang miteinander vermischt werden und dass das nicht funktioniert, wenn man das nicht vernünftig kontrolliert oder begleitet oder wie auch immer. Das ist ja auch klar. Ich glaube jahrelang ist Integration ganz schön missglückt, hat nämlich gar nicht stattgefunden, auch mit den Gastarbeitern nicht. Dafür haben wir jetzt, wir sagen immer in Klein-Istanbul, also es gibt Straßen, da leben nur Türken, bis heute. Warum ist das so? Ich finde, eigentlich ist das ein Ding der Unmöglichkeit. So läuft keine Integration, dass man so Ghettos entwickelt.“ (Jg.75/SH/w)*[258]

Aus einem Nebeneinander erwächst kein Miteinander, jedenfalls nicht von allein. Damit einer in seiner neuen Heimat Fuß fassen, sich neu verorten kann, braucht es Offenheit auf beiden Seiten. Es braucht die Bereitschaft, einander kennenzulernen und die Freiräume, um Teilhabe zu ermöglichen.
„In der Heimat beherrschen wir souverän die Dialektik von Kennen-Erkennen, von Trauen-Vertrauen: Da wir sie kennen, erkennen wir sie und getrauen uns zu sprechen und zu handeln.“[259] Diese Souveränität geht einem Menschen in der Fremde wie auch nach einschneidenden gesellschaftlichen Umbrüchen verloren. Er muss sich die Welt um sich herum neu aneignen, sich neu beheimaten.

Wie wichtig dafür die Offenheit der Gesellschaft ist, ihre Bereitschaft, die mit den ***Fremden*** eingewanderten Geschichten zu hören, wissen alle, die ihre Heimat – in welcher Art auch immer – schon einmal gewechselt oder verloren haben. Nicht zuletzt die Erfahrungen der Flüchtlinge und Vertriebenen in der Nachkriegszeit zeigen: Die mitgebrachten Lebensgeschichten und Erinnerungen brauchen einen Platz, damit die Menschen sich angenommen und zugehörig fühlen können.
Wo es kein Vertrauen gibt, dass jemand verständnisvoll zuhört, wird alsbald nicht mehr gesprochen. Anstelle von Austausch und Teilhabe wächst so die gegenseitige Befremdung. Oder die ***Fremden*** verleugnen einen Teil ihres Selbst und passen sich an. Zunächst einmal ist das eine durchaus erfolgreiche Strategie. Doch eine belastbare Verortung im Sinne von Beheimatetsein und ein stabiles Selbstwertgefühl können so nicht wachsen, was spätestens in Krisensituationen zu Tage tritt.

Heimat braucht Erinnern und Erzählen

Die Ablehnung eines Interviews ist im eigentlichen Wortsinn die Ablehnung einer Begegnung (entrevoir, franz: einander sehen, sich begegnen). In Mecklenburg-Vorpommern war es leicht, Menschen zu interviewen, die sich in der Flüchtlingshilfe engagieren. Doch diejenigen, die der Flüchtlingspolitik eher kritisch oder gar ablehnend gegenüberstehen, standen für ein Interview zumeist nicht zur Verfügung. Sie wollten in keine rechte Ecke gestellt werden, niemand sollte ihnen das Wort im Munde verdrehen können. Das meinten sie aus der DDR zu kennen, dass gegen sie verwandt wird, was sie sagen.
Wer in der DDR nicht mit Repressionen rechnen wollte, musste in der Öffentlichkeit über vieles besser schweigen. Das betraf auch Lebensgeschichten über Flucht und Vertreibung, Vergewaltigungen durch sowjetische Soldaten, Lagerhaft im GULag, Fluchtversuche nach dem Mauerbau und so manch andere Erfahrungen. Politische Meinungen und Haltungen, die der SED nicht genehm waren, konn-

ten nur im Privaten diskutiert werden. Die politischen Repressionen hinterließen ihre Spuren – nicht nur bei jenen, die sie am eigenen Leib erfahren und die Folgen zum Teil an ihre Kinder weitergegeben haben. Sie hinterließen auch bei all jenen Spuren, die sie nur vom Hörensagen kannten. Spätestens in der Schule lernte jedes Kind, dass eine eigene Meinung unliebsame Folgen haben kann.
Zum Ende der DDR hatten die meisten sich angepasst und daran gewöhnt, den Staat machen zu lassen: Wer seine Grenzen nicht übertrat, hatte seine Ruhe. All das ist bekannt und in seinen Langzeitwirkungen nicht zu vernachlässigen. Doch sind es allein diese Erlebnisse, die dazu führen, dass sich 27 Jahre nach der Wende kaum jemand als Einzelner mit einer kritischen Haltung zur Aufnahme von Flüchtlingen öffentlich äußern will? Welche Erfahrungen gab es in den beinahe drei Jahrzehnten, die seitdem vergangen sind?
Mit dem Fall der Mauer und der Wiedervereinigung war vielen Ostdeutschen all das, was sie kannten und erkannten, was ihnen das Vertrauen gab, zu sprechen und zu handeln, abhanden gekommen. Auch die eigene Geschichte wurde nun von Anderen erzählt. Das westdeutsche Narrativ über die Ostdeutschen bestimmte den öffentlichen Diskurs und sorgte bei vielen für eine Verunsicherung der Identität. Wer in seinem Elternhaus, in kirchlichen oder oppositionellen Nischen in der DDR ein unangepasstes Leben geführt hatte, war davon weniger stark betroffen. Gerade Menschen, die sich schon vor 1989 selbst ermächtigt hatten, ihren eigenen Werten statt den gesellschaftlich vorgegebenen zu folgen, waren in den Bürgerbewegungen der Wendezeit sehr präsent und konnten ihre Interessen teilweise erfolgreich vertreten. Doch sie repräsentierten nur eine Minderheit.
In den 1990er Jahren standen fast alle Ostdeutschen unter einem enormen Anpassungsdruck. „Denn mit dem Systemumbruch wurden ja nicht nur die möglicherweise verhassten, aber immerhin doch vertrauten alten Institutionen ausgetauscht, sondern es wurden zugleich auch die neuen (westlichen) kollektiven Selbstbeschreibungen gültig."[260] Da lag es für viele näher, die eigene Herkunft zu verschweigen, als zu versuchen, eine eigene Geschichte zu erzählen. Die Infragestellung des bisherigen Wertehorizonts, des

eigenen Selbstbildes wie der individuellen Biographie führten zu einer Jahre lang anhaltenden Sprachlosigkeit. Darunter litten die in dieser Zeit aufgewachsenen Kinder und Jugendlichen besonders. Sie lebten inmitten von Erwachsenen, die die Welt nicht mehr verstanden. Der Mantel des Schweigens lag alsbald nicht nur über ihrer DDR-Vergangenheit, sondern auch über den als beschämend, orientierungslos und teilweise demütigend erfahrenen 1990er Jahren. Die sich mancherorts ausbreitende Ostalgie führte in eine Parallelwelt. Sie war das Pendant zur öffentlichen Aufarbeitung des DDR-Unrechts, der unkritische und hilflose Versuch einer Selbstbehauptung. Doch statt zu schweigen oder etwas zu verleugnen, sollten besser Tugend und Schande benannt und die Maßstäbe des Handelns und Urteilens wieder hergestellt werden, so der Historiker Christian Meier. Dem standen starke Kräfte der Beharrung und Rechtfertigung entgegen, die unter erhobenen Zeigefingern eher wachsen. „Diese Art der Aufklärung oder: Arbeit an der Vergangenheit, die es mit dem Gros, nicht nur mit den Hauptschuldigen zu tun hat, ist, scheint mir, notwendig, ja dringend. Sie ist allerdings verteufelt schwierig, nicht nur, weil sie Selbstkritik bedeutet, weil sie es mit der nachgeholten DDR-Identität zu tun bekommt, sondern auch, weil sie unter den Augen des – sensationslüsternen und unbewusst wohl auch Bestätigung für die Geringschätzung der Ostdeutschen suchenden – Westens geschehen muss."[261]
Schuld einzugestehen und Scham zu artikulieren, ist für die meisten Menschen schon im Privaten, aber erst recht in der Öffentlichkeit eine Herausforderung. Es im Beisein oder gar nach Aufforderung durch scheinbar schuldfrei-überlegene Unbeteiligte zu tun, ist umso schwerer. So wird eine Aufarbeitung von Unrecht eher behindert. Auch eine zum Teil erst nachträglich erworbene DDR-Identität stellt sich quer dazu. Sie erwächst nicht nur aus den Erfahrungen mit der DDR und der Wiedervereinigung. Auch Nachwendekinder nehmen sie sich an, wenn sie mit pauschalisierenden und abwertenden Darstellungen von Ostdeutschen konfrontiert werden. Eine solche Entwertung ihrer Herkunft lässt sie sich auf eine Seite schlagen, auf der sie von sich aus gar nicht stehen würden.[262]

Festzuhalten bleibt, dass es offenbar nicht nur ihre DDR-Sozialisation ist, die manche Ostdeutsche in der Öffentlichkeit lieber schweigen lässt. Eher scheint es eine anhaltende Verunsicherung zu geben, die frühe Wurzeln hat und in der Gegenwart genährt wird. Wo Anerkennung, Wertschätzung und Vorbilder fehlen, fehlt allzu schnell der Mut zum Sprechen. Das Ich bedarf der Bestätigung, dass es sozial akzeptiert wird. Dafür braucht es ein Gegenüber, das ähnliche Erfahrungen hat oder die Erzählungen des Anderen anhört, ohne sie sogleich zu bewerten. Für den Autor und Filmemacher Alexander Kluge ist das ein wesentlicher Motor, sich unentwegt Geschichten anzuhören und zu erzählen. „Jeder Mensch trägt seine Erfahrungen mit sich herum. Und wenn diese Erfahrungen nicht in der Öffentlichkeit mit anderen ausgetauscht werden können, dann trägt er Erfahrungen mit sich, ohne ein Selbstbewusstsein, eine Selbstachtung daraus zu ziehen. Er wird diese Erfahrung unterschätzen. Er wird fremde Erfahrungen für eigene halten."[263]

Im Schweigen wie auch in der Abwehr von ***Fremden*** finden sich schwer einzuordnende Spuren von Trauer, Schuld und Scham. Sie können mehr als 70, 50 oder auch erst 20 Jahre alt sein, einander überlagern und aktivieren. Je länger ihr Ursprung zurückliegt, je unzugänglicher sie dem Bewusstsein sind, desto schwerer ist es, sie wahrzunehmen. Ein öffentlicher Diskurs kann eine persönliche Auseinandersetzung nicht ersetzen. Aber wie anhand der sich wandelnden Erinnerung an Flucht und Vertreibung zu beobachten war, ist es für das individuelle Erinnern durchaus von Belang was im kollektiven Gedächtnis gespeichert und reproduziert wird und was nicht.

Heimat ist der Ort, an dem das Dasein des Einzelnen bejaht wird, an dem er auf seine Vergangenheit zurückblicken und seine Zukunft gestalten kann. Zu seinem Dasein gehört seine Lebensgeschichte. Indem er sie erzählen kann, nimmt seine Identität eine Gestalt an. Wie er sie erzählt, was er erinnert oder ausspart, ist auch eine Frage des Gegenübers und der jeweiligen Erinnerungskultur.

Offene Gesellschaften – offene Erinnerungskulturen

Gedächtnis und Erinnerungskultur sind am ehesten mit einem Theaterstück vergleichbar, durch das die tatsächlichen Ereignisse gefiltert und interpretiert werden. Die Frage ist: Wer sind die Autoren, Schauspieler, Regisseure, Intendanten? Wer sitzt im Publikum? Wer finanziert das Ganze bzw. welche Interessen spielen eine Rolle im Hintergrund? All das setzt einen Rahmen für das Stück, das ausgewählt, entwickelt, geprobt und aufgeführt wird. Der Platz auf der Bühne ist begrenzt. Und er ist begehrt, zumindest von den Erinnerungen, die ans Licht dürfen. Traumatische Ereignisse, die das Selbst erschüttern, gehören nicht dazu. Existentielle Verunsicherung und Scham suchen zunächst Schutz im Verborgenen und bleiben in ihrem Wirken unsichtbar. Ungesehen bleiben auch all die Geschichten, an die niemand erinnert werden soll. Sie könnten einen zerbrechlichen Frieden gefährden, den Blick in eine falsche Richtung lenken, notwendigen Veränderungen im Weg stehen. Solche Bedenken sind nicht unbegründet. Dennoch bleibt zu fragen, welche Interessen und Haltungen dahinterstehen.

Erinnerungskulturen bewegen sich immer in einem Spannungsfeld aus Erinnern und Vergessen, aus verschiedenen Interessen und Einflussmöglichkeiten. Die vielfältigen Formen des Vergessens sind nicht zuletzt in einem Überlebensmechanismus begründet. Der ist für den Einzelnen ebenso bedeutsam wie für eine Gesellschaft. Doch wo ist die Grenze zwischen Überleben und Leben? Ab wann hat der Mechanismus ausgedient und blockiert nur noch das Lebendige? Wo geht es gar nicht ums Überleben, sondern um den bequemsten Weg oder um Herrschaft? Und in welchen Situationen dient das Vergessen der Abwehr von Schuld und Scham, werden im Erinnern andere, vielleicht noch schmerzhaftere Erinnerungen verdrängt?

All diese Fragen lassen sich nicht endgültig beantworten. Sie müssen von nachwachsenden Generationen immer wieder neu gestellt werden. In ihren Augen stellt sich manches anders dar, weil ihre Er-

fahrungen und ihre Hoffnungen für die Zukunft andere sind. Das Schweigen beispielsweise, das ihren Eltern ein Schutzraum war, hält sie gefangen, behindert sie. Womit nicht gesagt ist, dass die befreiende Erfahrung, den Bann der Vergangenheit zu brechen, eine Frage des Alters ist. Unbewältigte Vergangenheit hemmt den Menschen auf die eine oder andere Weise: Dadurch, dass etwas verschwiegen wird, was im Verborgenen fortwirkt; oder aber dadurch, dass alles, was gegenwärtig geschieht, nur durch die Brille vergangener Erfahrungen gesehen und interpretiert wird. So bleibt die Gegenwart in einer Fortsetzung der Vergangenheit mit anderen Mitteln gefangen.
Die innerfamiliäre Kommunikation über den Nationalsozialismus ähnelt – wie verschiedene Studien[264] und die Interviews zeigen – der innerfamiliären Kommunikation über Flucht und Vertreibung. Zwar liegen die Quellen des historischen Wissens in erster Linie im gesellschaftlichen Umfeld, aber wie es dann im familiären Kontext kommuniziert wird, ist stark von der jeweiligen Familiengeschichte geprägt. Dabei sind die emotionalen Beziehungen innerhalb einer Familie, gerade bei den Angehörigen jüngerer Generationen, die tragende Säule für eine Haltung zur Geschichte. Da, wo auf eigene Erlebnisse und Erfahrungen nicht zurückgegriffen werden kann, bestimmen die emotionale Verbundenheit bzw. Loyalität mit den Familienangehörigen und deren Erzählungen über die Vergangenheit das Geschichtsbild.[265] Dasselbe zeigt sich in Bezug auf die Bewertung der DDR wie der Nachwendezeit.
In der DDR hat das öffentliche Schweigen über Flucht und Vertreibung dazu geführt, dass es zwar individuelle Erinnerungen gab, aber kaum eine mediale Vermittlung dieser Ereignisse und Erfahrungen. Die Flüchtlinge und Vertriebenen hatten keine eigene Stimme. Sie sollten sich in ihrer neuen Identität als DDR-Bürger einrichten und engagieren. Was damit im öffentlichen Raum, durchaus unter Androhung von Strafe, als unerwünscht markiert war, hinterließ seine Spuren. Da Flucht und Vertreibung in der öffentlichen Erinnerungskultur höchstens einen randständigen Platz hatten, gab es diesbezüglich kaum historisches Wissen, Bildikonen oder stereotype Redewendungen. Das änderte sich erst mit der verstärkten Präsenz des

Themas in den Medien seit der Jahrtausendwende. Das Fehlen eines kollektiven Gedächtnisses in Bezug auf Flucht und Vertreibung in der DDR beeinflusste zweifellos auch das kommunikative, individuelle Gedächtnis. Hier ist es allerdings schwer, die verschiedenen Einflüsse und ihre Wirkungen klar voneinander zu trennen.

Ein Verblassen der Erinnerungen an Flucht und Vertreibung zeigt sich nicht nur in Ost-, sondern auch in Westdeutschland. Das lässt sich mit dem wachsenden zeitlichen Abstand erklären. Die Vertriebenenverbände in der alten Bundesrepublik verloren in den 1960er und 70er Jahren zunehmend an Einfluss. Mit der neuen Ostpolitik änderten sich die Schwerpunkte des öffentlichen Gedenkens. Die bisherige Erinnerung an Flucht und Vertreibung als Teil identitätsstiftender Politik trat in den Hintergrund und wurde zur Sache einer Minderheit.

Erinnerungskulturen sind ein Indikator für das Sagbare, sie vermitteln einen sozial erwünschten Blick auf historische Ereignisse. Gerade die Auseinandersetzungen um die kollektive Erinnerung an Flucht und Vertreibung verhandelten in Ost wie West immer auch die Haltung zu deutschen Kriegsverbrechen, Nationalsozialismus und Holocaust mit. Erinnern und Vergessen waren hier oftmals zwei Seiten ein und derselben Medaille. Die unzähligen Debatten, ihre politische Instrumentalisierung wie auch die wechselnden Erinnerungsschatten weisen darauf hin, wie schmal der Grat ist, auf dem jede Erinnerungskultur sich bewegt.

Ändern sich die politischen und gesellschaftlichen Kontexte, ändern sich auch die Perspektiven und Deutungen der Vergangenheit. Der erinnerungskulturelle Rahmen verschiebt sich. Unter Umständen kann eine gewisse Skepsis vor schnellen Sinnstiftungen angebracht sein. Nicht zuletzt voreilige Opfer- oder Trauma-Zuschreibungen dienen zumeist einer individuellen und gesellschaftlichen Entlastung. Ein Erinnern, das Opfer in Konkurrenz zueinander setzt, führt unweigerlich in eine Sackgasse. Wer nur das Leid der Anderen sieht – und sei es angesichts großer Schuld – kann den eigenen Schmerz nicht wahrnehmen. Wer sich selbst als einziges Opfer sieht, ignoriert das Leid der Anderen. Beide Formen der Selbstwahrnehmung

werden nicht zuletzt auch durch soziale Rahmen wie Familie und Gesellschaft geprägt.
Der italienische Philosoph Daniele Giglioli legt den Finger in die Wunde einer Erinnerungskultur, die keine revolutionären Helden mehr verehrt, sondern das passive Opfer hofiert: „Das Opfer ist der Held unserer Zeit. Opfer zu sein verleiht Prestige, verschafft Aufmerksamkeit, verspricht und fördert Anerkennung, erzeugt machtvoll Identität, Anrecht, Selbstachtung. Es immunisiert gegen jegliche Kritik, garantiert eine über jeden Zweifel erhabene Unschuld. Wie könnte das Opfer schuldig, gar für etwas verantwortlich sein? Es hat nichts getan, es ist ihm etwas angetan worden."[266]
Für die Debatte um die Wahrnehmung von Flucht und Vertreibung liegt hier ein wichtiger Anstoß. Opfer oder auch Traumatisierte erscheinen schnell als ohnmächtig und unschuldig. Damit tragen sie keinerlei Verantwortung und brauchen ihr Tun nicht zu reflektieren. Eigene Mit-Täterschaft und Schuld tauchen nicht auf. Darin spiegelt sich nicht zuletzt das zutiefst menschliche Bedürfnis, ein positives Selbstbild zu erhalten, seinen Stolz zu bewahren. Das sind starke Kräfte, die das individuelle wie kollektive Gedächtnis bestimmen. Von ihnen ist auszugehen, wenn nach Wegen gesucht wird, ihre jeweiligen Rahmen zu erweitern.
Seit der Jahrtausendwende sind die so genannten Kriegskinder und -enkel wie auch Flucht und Vertreibung in den Medien verstärkt präsent. Die Resonanz darauf ist in Ost- und Westdeutschland unterschiedlich groß. Allgemein hat die mediale Aufmerksamkeit dazu geführt hat, dass in den Familien mehr erzählt und mehr gefragt wird. Die kurzzeitig massive Zuwanderung von Flüchtlingen im Herbst 2015 verlieh den Erinnerungen an die Familiengeschichten noch einmal besondere Aktualität. Die ankommenden Flüchtlinge wirkten teilweise wie ein Spiegel. Ein Teil der Einheimischen, einschließlich der vor einiger Zeit selbst Zugewanderten, erinnerte sich an das eigene Schicksal und die Schwierigkeiten, in der neuen Heimat anzukommen. Aber nicht nur sie waren mit Fragen nach ihrer eigenen Identität, ihren eigenen Wurzeln konfrontiert. Viele Ostdeutsche hatten nach dem Systemwechsel 1989 einen, teilweise erneuten,

Heimatverlust zu bewältigen. Unter ihnen können einige vermutet werden, bei denen bislang verdrängte traumatische Erfahrungen reaktiviert wurden – sei es im Zusammenhang mit Krieg, Flucht und Vertreibung oder aufgrund politischer Repression in der DDR.
Der rasante, mit starkem Anpassungsdruck einhergehende Systemwechsel war für die meisten Ostdeutschen ein einschneidender Bruch in ihrer Biographie. Darauf beziehen sie sich weitaus stärker als auf die lange zurückliegenden Kriegs- und Nachkriegserfahrungen. Das erklärt zum Teil auch, warum sie an den Diskursen der Kriegskinder und -enkel weniger beteiligt sind als die Westdeutschen, die einen solchen Bruch nicht erlebt haben. Darüber hinaus wirkt hier eine Erinnerungskultur nach, die sich vorrangig auf die faschistischen Verbrechen und den kommunistischen Widerstand bezog und die eigenen Opfer kaum thematisierte.
Die Haltung gegenüber den Flüchtlingen, die gegenwärtig nach Deutschland kommen, ist nicht allein mit den Erfahrungen von Flucht und Vertreibung und dem Umgang des jeweiligen Systems damit zu erklären. Bemerkenswert ist jedoch, dass medial und individuell zahlreiche Vergleiche gezogen werden, die nach mehr als 70 Jahren noch starke Emotionen hervorrufen. Solche Reaktionen verweisen auf unbewältigte Teile der Vergangenheit. Unabhängig davon scheint für die Haltung zu ***Fremden*** das eigene Beheimatetsein von wesentlicher Bedeutung.
Nur wer selbst angekommen ist, kann andere willkommen heißen. Die, die sich nicht gut versorgt fühlen bzw. nicht gut versorgt sind, können und wollen sich nicht um andere sorgen. Angekommen-Sein bezieht sich zum einen auf die Gesellschaft. Viele ehemalige DDR-Bürger und Migranten, die politische, kulturelle und soziale Brüche erlebt haben, fühlen sich in der neuen Heimat und ihrer Gesellschaft nach wie vor nicht zugehörig und damit fremd. Das hat nicht zuletzt etwas mit ungleichen Chancen zu tun. Aber auch Alt-Bundesbürger sind betroffen und verunsichert. Globalisierung und wachsende Heterogenität, der Umbau des Sozialstaates, die Individualisierung von Verantwortung für den eigenen Erfolg – all das wird von manch einem als Erschütterung erlebt, die das Vertrauen in

die Zukunft und in die Selbstwirksamkeit schwinden lässt.
Es bedarf einer gewissen Sicherheit in Bezug auf das, was mir eigen ist, den eigenen Standpunkt, die eigene Existenz, um mich von all dem, was mir zunächst einmal fremd ist oder erscheint, nicht bedroht zu fühlen. Wer keine innere und äußere Heimat hat, fühlt sich schnell ausgeliefert. Es fehlt das Behaustsein, das schützende Dach, der sichere Boden. Aus der Nachkriegsgeschichte kennen wir das Phänomen, dem wir auch heute mancherorts begegnen: Immer wieder gibt es Einheimische wie Zuwanderer, die sich nicht aufeinander einlassen. Sie leben im besten Falle, aber nicht immer, friedlich nebeneinander. Eine unsichtbare Grenze des Schweigens trennt sie. Sie kennen einander nicht. Der polnische Soziologe Zygmunt Bauman setzt dagegen auf Dialog: „Inklusion und Integration sind die stärksten Waffen des Westens. Es gibt keinen anderen Ausweg aus der Krise, in der die Menschheit sich befindet, als Solidarität. Die Entfremdung, die Barriere zwischen uns und den Fremden, den Etablierten und den Außenseitern, muss überwunden werden. Der erste Schritt dazu ist die Aufnahme eines Dialogs. Aus Fremden müssen Nachbarn werden."[267]
Erzähler von Geschichten und Erinnerungen brauchen Zuhörer. Ein guter Zuhörer darf das Gehörte nicht sofort vereinnahmen. Für ihn ist das, was das Gegenüber sagt, nicht in erster Linie eine Bestätigung oder Ablehnung der eigenen Person. Sein Gegenüber darf zunächst einmal der Andere sein, einer, der ihm noch fremd ist, den er kennenlernen kann.
In einer globalisierten Welt lassen sich die Wanderungsbewegungen nicht aufhalten. Wenn es um Integration geht, geht es um weit mehr als um Anpassung, manchmal auch um weniger. Es braucht unter anderem eine Erinnerungskultur, die das Nebeneinander verschiedener Erzählungen zulässt und das dadurch entstehende Spannungsfeld aushält: Individuen, Gruppen und Kulturen haben das Recht auf eine eigene Perspektive, Erfahrung und Geschichte. Sie brauchen einen lebendigen Bezug zu ihrer Vergangenheit, um sich ihrer Herkunft zu vergewissern, ihr Selbstbewusstsein zu stärken und Orientierung zu gewinnen. Gleichzeitig brauchen sie

Anregungen, Begegnungen und Freiräume, in denen eine gemeinsame Geschichte entstehen kann.
Was aus der Vergangenheit erinnert und an nachfolgende Generationen weitergegeben wird, ist immer in höchstem Maße selektiv. Es ist geprägt durch die mediale Vermittlung und durch den familiären Kontext, gebunden an aktuelle Bedürfnisse und Ansprüche. Erinnerungen können für alles Mögliche mobilisiert werden. Darum galt lange das Vergessen nach schlimmer Vergangenheit als der beste Umgang damit. So notwendig ein solcher Umgang für die Gesellschaft und den Einzelnen zunächst einmal sein mag, um die Wunden zu verschließen. Die Narben bleiben, die Folgen unbewältigter Vergangenheit werden vererbt.
Seit einiger Zeit werden die Vorteile einer ethisch fundierten Erinnerungskultur diskutiert. „Sich an etwas, das man lieber vergessen möchte, zu erinnern, entspricht keinem anthropologischen oder identitätsstiftenden Bedürfnis und macht deshalb den ethischen Charakter dieses Vergangenheitsbezugs aus. Er führt aus engen Gruppenbindungen heraus auf eine Ebene sei es universalistischer, sei es gemeinsamer im Sinne von: vergemeinschafteter Erinnerungen, die dazu angetan sind, die Leiden der Opfer anzuerkennen und ihre Geschichte in die Erinnerung mit aufzunehmen."[268]
Diese Art des Erinnerns ist eine nicht zu unterschätzende Herausforderung. Sie verlangt einen Blick über den eigenen Tellerrand hinaus. Sie erkennt an, dass wir in einer Welt leben, in der nicht nur Waren, sondern auch Menschen – freiwillig und viel zu oft unfreiwillig – nationale Grenzen überqueren. Es spricht vieles dafür, den Beginn der Globalisierung vor nunmehr 500 Jahren anzusetzen, als die ersten Schiffe von Europa aus die Erdkugel umrundeten und mit geistigem wie materiellem Gewinn zurückkehrten. Heute weisen wachsende Flüchtlingszahlen wie auch der Klimawandel unmissverständlich darauf hin, dass die Fragen der Zeit nur gemeinsam zu beantworten sind.
Angesichts dieser Entwicklungen ist Abgrenzung eine der kurzsichtigsten Strategien. Vielmehr braucht es eine offene Gesellschaft mit einer offenen Erinnerungskultur, die von Flüchtlingen und

Migranten nicht nur Anpassungsbereitschaft fordert, sondern ihnen ein Ankommen ermöglicht. Deutsch- und Integrationskurse sind sicher hilfreich, um Orientierung zu gewinnen, Arbeit zu finden, sich selbst versorgen zu können, sobald die Chancen dazu da sind. Doch daneben braucht es ein offenes Ohr für die Geschichten der neuen Nachbarn, die am besten in der ihnen eigenen Sprache, ihrer Muttersprache erzählt werden können.

Solche Geschichten beinhalten weitaus mehr als nur Erinnerungen an vergangene Zeiten. Sie vermitteln prägende Erfahrungen und Werte, die anerkannt sein wollen, auch wenn sie nicht geteilt werden. Wo verschiedene Menschen und ihre Geschichten aufeinander treffen, stehen Gewissheiten in Frage. Werden sie gemeinsam neu verhandelt, ist das eine gute Voraussetzung, um nicht fremd zu bleiben, sondern ankommen zu können.

Anmerkungen

Einleitung

1 Die „Mitte"-Studien der Universität Leipzig, Erhebungszeitraum 2014, www.uni-leipzig.de/pressedaten/dokumente/dok_20140604103407_02ffd91ece.pdf, (zuletzt aufgerufen am 25.11.2017).

2 Statistische Angaben lassen sich dazu nicht finden und auch die Interessensvertretungen können keine genaue Auskunft über die Ost-West-Verteilung der Vereine geben. Dennoch fällt auf, dass die Mehrzahl der Tagungen, Forschungsprojekte, Selbsthilfegruppen etc. auf dem Gebiet der alten Bundesrepublik verortet ist bzw. von dort Aufgewachsenen veranstaltet wird. Dies deckt sich mit der Erfahrung von Sabine Bode, die äußerst selten nach Ostdeutschland eingeladen wird. (vgl: Sabine Bode: Kriegsspuren. Die deutsche Krankheit German Angst. Stuttgart 2016, 21.)

3 Um den Lesefluss nicht zu beeinträchtigen wird hier und im folgenden Text zwar nur die männliche Form genannt; die weibliche Form ist dabei selbstverständlich immer mitgemeint.

4 Inzwischen ist die Erstaufnahmeeinrichtung in Basepohl bei Stavenhagen - seit dem 1.10.2016 - geschlossen und fungiert nur noch als Reserveeinrichtung.

5 http://www.schleswig-holstein.de/DE/Schwerpunkte/Zuwanderung/Erstaufnahme/erstaufnahme_node.html (zuletzt aufgerufen am 12.2.2018)

6 www.laiv-mv.de/land-mv/LAiV_prod/LAiV/amf/Zentrale_Auslaenderbehoerde/amf.jsp (zuletzt aufgerufen am 1.3.2016). Inzwischen gibt es diese Seite nicht mehr.

7 www.laiv-mv.de/Migration (zuletzt aufgerufen am 12.2.2018).

8 Nach den Zitaten finden sich in Klammern einige Angaben zu den Personen: Jahrgang/Bundesland: Schleswig-Holstein (SH), Mecklenburg-Vorpommern (MV)/Geschlecht. Da an einem Interview zwei Brüder beteiligt waren, finden sich in diesen Zitaten noch Großbuchstaben, die kenntlich machen, wer von beiden spricht.

Erinnern ist ein endloser Fluss

9 Maurice Halbwachs: Das Gedächtnis und seine sozialen Bedingungen. Frankfurt/M. 1985, 20f.

10 Aleida Assmann: Das neue Unbehagen an der Erinnerungskultur. München 2013, 20.

11 Friedrich Nietzsche: Unzeitgemäße Betrachtungen – Zweites Stück – Vom Nutzen und Nachteil der Historie für das Leben. In: Werke in drei Bänden, Bd. 1. Köln 1994, 161.

12 Ebd., 172.

13 Ebd., 175.

14 Ebd., 177.

15 Ebd..

16 Ebd, 30.

17 www.psychomeda.de/lexikon/kognition.html (zuletzt aufgerufen am 14.2.2018).

18 Harald Welzer: Das kommunikative Gedächtnis. Eine Theorie der Erinnerung. München 2005, 150.

19 Ebd., 37.

20 Johannes Merkel: Spielen, Erzählen, Phantasieren. Die Sprache der inneren Welt. München 2000, 186f.

21 Harald Welzer/Sabine Moller/Karoline Tschuggnall: Opa war kein Nazi. Nationalsozialismus und Holocaust im Familiengedächtnis. Frankfurt/M. 2002, 196.

22 Welzer 2005, 30f.

23 Welzer 2005, 217.

24 Zit.nach: Armin Nassehi: Identität als europäische Inszenierung. In: Honer/Meuser/Pfadenhauer: Fragile Sozialität. Wiesbaden 2010, 261.

25 Ebd., 264.

26 Hamburger Institut für Sozialforschung (Hrsg.): Vernichtungskrieg - Verbrechen der Wehrmacht 1941 bis 1944. Katalog zur gleichnamigen Ausstellung, Hamburg 1996.

27 Welzer 2005, 171f.

28 Susanne Greiter: Flucht und Vertreibung im Familiengedächtnis. Geschichte und Narrativ. München 2013, 57.

29 Regina Scheer: Machandel. München 2014, 333.

30 Peter Bichsel: Die Zeit und das Erzählen. In: Luc Ciompi/Hans-Peter Dauwalder (Hg.): Zeit und Psychiatrie. Sozialpsychiatrische Aspekte. Bern/Stuttgart/Toronto 1990, 217-230.

31 Maike Schult: Leiden ist fast nicht besprechbar – Trauma und Sprachlosigkeit zwischen den Generationen. In: Anne Drescher/Uta Rüchel/

Jens Schöne: Bis ins vierte Glied. Transgenerationale Traumaweitergabe. Schwerin, 2015, S. 137-150, hier 138f.

32 Michael Schneider / Joachim Süss (Hg.): Nebelkinder. Kriegsenkel treten aus dem Traumaschatten der Geschichte. München 2015, 9f.

Integration und Erinnern

33 Rainer Schulze: Als Deutsche zu Deutschen? In: Elena Agazzi / Erhard Schutz (Hg.): Heimkehr. Eine zentrale Kategorie der Nachkriegszeit. Geschichte, Literatur und Medien. Berlin 2010, 25.

34 Albrecht Lehmann: Im Fremden ungewollt zuhaus. Flüchtlinge und Vertriebene in Westdeutschland 1945 – 1990. München 1993, 170ff.

35 H.S.; 26:44f.

36 S.K.; 31:24f.

37 E.G.; 29:02 f.

38 E.G.; 50:07 f.

39 S.+W.K.;16:18f

40 S.K..; 32:03

41 U.E.; 12:09 f.

42 H.K.; 40:45f.

43 Elisabeth Pfeil: Der Flüchtling. Gestalt einer Zeitenwende. Hamburg 1948, 62.

44 Alexander von Plato / Wolfgang Meinicke: Alte Heimat – neue Zeit. Flüchtlinge Umgesiedelte Vertriebene in der Sowjetischen Besatzungszone und in der DDR. Berlin 1991, 29f.

45 http: / / www.historisches-lexikon-bayerns.de / artikel / artikel_46038 (zuletzt aufgerufen am 14.2.2018)

46 Andreas Kossert: Kalte Heimat. Die Geschichte der deutschen Vertriebenen nach 1945. Bonn 2015, 59.

47 Schreiben des Landesumsiedleramtes an alle Oberbürgermeister und Landräte, 27.März 1946. Zit. nach: Mirjam Seils: Die fremde Hälfte. Aufnahme und Integration der Flüchtlinge und Vertriebenen in Mecklenburg nach 1945. Schwerin 2012, 54.

48 Zitiert nach: Manfred Wille / Johannes Hoffmann / Wolfgang Meinicke (Hg.): Sie hatten alles verloren. Flüchtlinge und Vertriebene in der sowjetischen Besatzungszone Deutschlands. Wiesbaden 1993, 48.

49 Alexander von Plato: Vergangene Perspektiven? In: Dierk Hoffmann / Marita Krauss / Michael Schwartz (Hrsg.): Vertriebene in Deutschland. Interdisziplinäre Ergebnisse und Forschungsperspektiven. München 2000, 102.

50 Manfred Wille: Die Vertriebenen und das politisch-staatliche System der SZB / DDR. In: Hoffmann / Krauss / Schwartz, 210.

51 C.B.; 2:58f.

52 U.E.; 3:40f / 28:24

53 Stiftung Archiv der Parteien und Massenorganisationen der DDR im Bundesarchiv, DY 30, IV2 / 5, Nr. 242, Bl. 101. Zit. nach: Manfred Wille (Hrsg.): 50 Jahre Flucht und Vertreibung. Gemeinsamkeiten und Unterschiede bei der Aufnahme und Integration der Vertriebenen in die Gesellschaften der Westzonen / Bundesrepublik und der SBZ / DDR. Magdeburg 1997, 48.

54 Michael Schwartz: Vertriebene im doppelten Deutschland. Integrations- und Erinnerungspolitik in der DDR und in der Bundesrepublik. In: Institut für Zeitgeschichte (Hg.): Vierteljahrshefte für Zeitgeschichte 1 / 2008. Oldenburg, 101-102.

55 Ebd.,105.

56 www.deutscheundpolen.de / themen / thema_jsp / key=bhe.html, (zuletzt aufgerufen am 14.02.2018).

57 Schwartz 2008, 135f.

58 Ebd., 127.

59 Mathias Beer: Flucht und Vertreibung der Deutschen. Voraussetzungen, Verlauf, Folgen. München 2011, 110.

60 Schwartz, 122.

61 W.K.:1:01:40f.

62 H.K., 56:02f.

63 Schwartz, 124f.

64 Schwartz, 114.

65 Friedrich Nietzsche: Unzeitgemäße Betrachtungen – Zweites Stück – Vom Nutzen und Nachteil der Historie für das Leben. In: Werke in drei Bänden, Bd. 1. Köln 1994, 161.

66 Maren Röger / Stephan Scholz: Fotografien. In: Stephan Scholz / Maren Röger / Bill Niven: Die Erinnerung an Flucht und Vertreibung. Ein Handbuch der Medien und Praktiken. Paderborn 2015,153-167, hier: 160.

67 Karina Berger: Belletristik in der Bundesrepublik. In: Scholz/Röger/Niven,15-28, hier: 18f.

68 Bill Niven: Belletristik in der DDR. In: Scholz/Röger/Niven, 28-40, hier: 30.

69 Ebd., 34.

70 Ebd., 33.

71 Ebd., 31.

72 Ebd., 33f.

73 Ebd., 39.

74 Karina Berger: Belletristik in der Bundesrepublik. In: Scholz/Röger/Niven, 20f.

75 Maren Röger: Film und Fernsehen in der Bundesrepublik. In: Scholz/Röger/Niven, 128f.

76 Ebd., 130f.

77 Ebd., 132ff.

78 Bill Niven: Film und Fernsehen in der DDR. In: Scholz/Röger/Niven,140-152, hier: 141ff.

79 Elisabeth Fendl: Briefmarken. In: Scholz/Röger/Niven, 52-64, hier: 61.

80 Gerhard Paul (Hrsg.): Der Flüchtlingstreck. Bilder von Flucht und Vertreibung als europäische lieux de mémoire. In: Das Jahrhundert der Bilder. Bilderatlas I: 1900-1949. Göttingen 2009, 666-674, hier: 671.

81 Alexander von Platz/Almut Leh: Ein unglaublicher Frühling. Erfahrene Geschichte im Nachkriegsdeutschland 1945-1949. Bonn 2011, S.28

82 Stephan Scholz: Schulbücher. In: Scholz/Röger/Niven, 383-396, hier: 388.

83 Britta Weichers: Ostkundeunterricht. In: Scholz/Röger/Niven, 317-328, hier: 323f.

84 Stephan Scholz: Schulbücher. In: Scholz/Röger/Niven, 383-396, hier: 387.

85 Ebd., 386f.

86 Ebd., 394.

87 G.G.,10:50f.

88 E.G., 32:36/36:40/38:40f.

89 S.K..,56:58f.

90 H.K., 37:38f.

91 U.E.,6:42f.

92 H.S., 01.03:05f.

93 H.D.,28:38f.

94 J.S.,30:40f.

95 H.K.,01:07:00f

96 U.B.,38:00f.

97 Vgl. Schroeder, Klaus / Deutz-Schroeder, Monika / Quasten, Rita / Schulze Heuling, Dagmar: Später Sieg der Diktaturen? Studie: Schüler halten Demokratien und Diktaturen für gleichwertig. Nr. 181 / 2012. http: / / www.fu-berlin.de / presse / informationen / fup / 2012 / fup_12_181 (zuletzt aufgerufen am 8.2.2018).

98 N.G.,9:23f.

99 E.M.,4:24f.

100 www.bundespraesident.de / SharedDocs / Reden / DE / Richard-von-Weizsaecker / Reden / 1985 / 05 / 19850508_Rede.html (zuletzt aufgerufen am 11.2.18)

101 Peter Burke: Geschichte als soziales Gedächtnis. In: Aleida Assmann / Dietrich Harth (Hrsg.): Mnemosyne. Formen und Funktionen der kulturellen Erinnerung. Frankfurt a. M. 1991, 289-304, hier 300.

102 Alexander von Plato: Vergangene Perspektiven? In: Dierk Hoffmann / Marita Krauss / Michael Schwartz (Hrsg.): Vertriebene in Deutschland. Interdisziplinäre Ergebnisse und Forschungsperspektiven. München 2000, 104.

Integration und Vergessen

103 Michael v. Engelhardt: Bewältigung von Flucht und Vertreibung im Generationenvergleich. In: Dierk Hoffmann / Marita Krauss / Michael Schwartz (Hrsg.): Vertriebene in Deutschland. Interdisziplinäre Ergebnisse und Forschungsperspektiven. München 2000, 334f.

104 S+W.K: 17:18f.

105 U.B.: 24:08f.

106 U.E: 7.42f / 19:38f

107 Ebd.,340.

108 H.K: 33:12f.

109 G.G: 52:47f.

110 Ebd., 341.

111 Dagmar Semmelmann: Zur Integration der Flüchtlinge und Vertriebenen aus lebensgeschichtlicher Sicht (hypothetische Annäherungen). In: Manfred Wille (Hrsg.): 50 Jahre Flucht und Vertreibung. Gemeinsamkeiten und

Unterschiede bei der Aufnahme und Integration der Vertriebenen in die Gesellschaften der Westzonen / Bundesrepublik und der SBZ / DDR. Magdeburg 1997, 336-351, hier: 338.

112 Alexander von Plato 2000, 102.

113 Ebd.,339f.

114 Alexander von Plato: Vergangene Perspektiven? In: Dierk Hoffmann / Marita Krauss / Michael Schwartz (Hrsg.): Vertriebene in Deutschland. Interdisziplinäre Ergebnisse und Forschungsperspektiven. München 2000, 87-107, hier: 102.

115 Manfred Wille: Die Vertriebenen und das politisch-staatliche System der SBZ / DDR. In: Dierk Hoffmann / Marita Krauss / Michael Schwartz (Hrsg.): Vertriebene in Deutschland. Interdisziplinäre Ergebnisse und Forschungsperspektiven. München 2000, 203-217, hier: 210.

116 Alexander von Plato 2000, 105.

117 U.E.: 23:50 / 56:23f.

118 Ebd., 104.

119 H.S.: 46:33f.

120 S.K: 45:55f. / 1:01:40f.

121 C.B: 19:03f.

122 D.K: 1:57f.

123 G.G: 1:07:40f.

124 H.S:20:34f.

125 W.K:57:40f.

126 Peter Suhrkamp: Brief an einen Heimkehrer. Frankfurt / M. 1946, 166.

127 Hannah Arendt: Zur Zeit. Politische Essays. Hamburg 1999, 44.

128 Ebd.

129 Elena Agazzi / Erhard Schutz (Hg): Heimkehr. Eine zentrale Kategorie der Nachkriegszeit. Geschichte, Literatur und Medien. Berlin 2010, 11.

130 Hermann Lübbe: Der Nationalsozialismus im deutschen Nachkriegsbewusstsein. In: Historische Zeitschrift 236 (1983), 579-599.

131 Aleida Assmann: Das neue Unbehagen an der Erinnerungskultur. Eine Intervention. München 2013, 45f.

132 Christian Meier: Das Gebot zu vergessen und die Unabweisbarkeit des Erinnerns. Vom öffentlichen Umgang mit schlimmer Vergangenheit. München 2010, 64f.

133 Ebd., 65.

134 Bastian Berbner: Stellen Sie sich vor, Sie sind Jude. Und Sie müssen sich anfreunden mit einem Nazi. DIE ZEIT Nr.50, 1.Dezember 2016, 17-19.

135 Alexander und Margarete Mitscherlich: Die Unfähigkeit zu trauern. München 1990, 34f.

136 Ebd., 35.

137 Der Spiegel: Kniefall angemessen oder übertrieben? Nr.51 / 1970. www.spiegel.de / spiegel / print / d-43822427.html (zuletzt aufgerufen am 8.2.2017).

138 Zit. nach: Aleida Assmann: Das neue Unbehagen an der Erinnerungskultur. Eine Intervention. München 2013, 50.

139 Christoph Classen: Fremdheit gegenüber der eigenen Geschichte. In: Behrends / Lindenberger / Poutrus (Hrsg.): Fremde und Fremd-Sein in der DDR. Zu historischen Ursachen der Fremdenfeindlichkeit in Ostdeutschland. Berlin 2003, 119f.

140 Wilfried Schubarth / Thomas Schmidt: „Sieger der Geschichte". Verordneter Antifaschismus und die Folgen. In: Heinemann / Schubarth (Hrsg): Der antifaschistische Staat entlässt seine Kinder. Köln 1992, 12-28, hier 16.

141 Konrad Weiss, Leserbrief im Anhang. In: Ursula Höntsch: Wir Flüchtlingskinder. Leipzig 1985, 6. erw. Auflage 1991, 271.

142 Ebd., 270.

143 Vgl. dazu auch: Nina Leonhard: Politik- und Geschichtsbewusstsein im Wandel. Die politische Bedeutung der nationalsozialistischen Vergangenheit im Verlauf von drei Generationen in Ost- und Westdeutschland. Münster 2002, 296.

144 H.D.:0:35f.

145 H.S.: 5:19f.

146 U.B.:28:15f.

147 H.K.:1:02:37f.

148 B.G.: 4:00f.

149 Brockhaus, Gudrun: Schweigen? In: Brockhaus, Gudrun / Ermann, Michael / Keupp, Heiner / Mertens, Wolfgang: Gedanken zum 8. Mai. In: Forum Psychoanal 21, Heidelberg 2005, 308.

150 Susanne Greiter: Flucht und Vertreibung im Familiengedächtnis. Geschichte und Narrativ. München 2013, 187f.

151 Kristina Tambke: Transgenerationale Weitergabe traumatischer Erfahrungen kriegs- und vertreibungsbelasteter Kindheiten unter Berücksichtigung nationalsozialistisch geprägter Erziehung und deren Bedeutung für gegenwärtige Familienberatung. Diplomarbeit. Carl-von-Ossietzky-Universität Oldenburg 2010, 21f. www.bkge.de/Downloads/Publikationen/Qualifikationsarbeiten/Tambke-Transgenerationale_Weitergabe_traumatischer_Erfahrungen_kriegs-_und_vertreibungsbelasteter_Kindheiten-2.pdf (zuletzt aufgerufen am 30.1.2018)

152 Odile Jansen: Doppelte Erinnerung. Täter- und Opferidentitäten in Christa Wolfs Rekonstruktion des Traumas der Flucht. German Life and Letters, 2004, Vol.57(4), 440-455.

153 Daniele Giglioli: Die Opferfalle. Berlin 2015, 61.

154 Reinhart Koselleck: Wer darf vergessen werden? Das Holocaust-Mahnmal hierarchisiert die Opfer. Die falsche Ungeduld. http://www.zeit.de/1998/13/holocaust.txt.19980319.xml, (zuletzt aufgerufen am 30.1.2018)

155 Günter Grass im Interview: Warum ich nach 60 Jahren mein Schweigen breche. FAZ-net, 11.8.2006. http://www.faz.net/aktuell/feuilleton/buecher/guenter-grass-im-interview-warum-ich-nach-sechzig-jahren-mein-schweigen-breche-1357691.html (zuletzt aufgerufen am 1.1.2018)

156 Susanne Greiter: Flucht und Vertreibung im Familiengedächtnis. Geschichte und Narrativ. München 2013,34.

157 Dieter Boßmann (Hrsg.): „Was ich über Adolf Hitler gehört habe …“. Folgen eines Tabus: Auszüge aus Schüler-Aufsätzen von heute. Frankfurt/M. 1977.

Entfremdete Vergangenheit

158 Aleida Assmann: Das neue Unbehagen an der Erinnerungskultur. Eine Intervention. München 2013, 58.

159 Ebd., 67.

160 Vgl. u.a: Harald Welzer: Die Nachhaltigkeit historischer Erfahrungen. Eine sozialpsychologische Perspektive. In: Radebold/Bohleber/Zinnecker (Hrsg.): Transgenerationale Weitergabe kriegsbelasteter Kindheiten. Interdisziplinäre Studien zur Nachhaltigkeit historischer Erfahrungen über vier Generationen. Weinheim und München 2009, 89.

161 Decker, Oliver/Brähler, Elmar: Die psychosozialen Folgen von Vertreibung,

Ausbombung und Vaterlosigkeit bei den Geburtenjahrgängen 1930-1945. In: Radebold / Heuft / / Fooken (Hrsg.): Kindheiten im Zweiten Weltkrieg. Kriegserfahrungen und deren Folgen aus psychohistorischer Perspektive. Weinheim und München 2006, 119.

162 Vgl. Michael Heinlein: Die Erfindung der Erinnerung. Deutsche Kriegskindheiten im Gedächtnis in der Gegenwart. Bielefeld 2010.

163 Günter Grass: Im Krebsgang. Göttingen 2002, 99.

164 Hartmut Radebold: Kriegsbeschädigte Kindheiten. In: Radebold (Hg.): Kindheiten im Zweiten Weltkrieg und ihre Folgen. Gießen 2012, 24f.

165 Michael J. Froese: Überlegungen zur psychohistorischen Situation Ostdeutschlands. In: Seidler / Froese (Hg.): Traumatisierungen in (Ost-) Deutschland. Gießen 2009, 107.

166 Ebd. Froese bezieht sich hier auf Untersuchungsergebnisse, die Marianne Leuzinger-Bohleber 2003 für die Kriegsfolgen in Westdeutschland veröffentlicht hat.

167 Corinna Frey / Martina Schmitt: Kindheitsbelastungen und psychische Störungen im Erwachsenenalter. In: Hartmut Radebold (Hg): Kindheiten im II. Weltkrieg und ihre Folgen, Gießen 2012, 61.

168 Elmar Brähler / Oliver Decker / Harmut Radebold: Ausgebombt, vertrieben, vaterlos. In: Radebold 2012, 111-135.

169 Helga Hirsch: Kollektive Erinnerung im Wandel. http: / / www.bpb.de / geschichte / nationalsozialismus / dossier-nationalsozialismus / 39633 / erinnerung-an-vertreibung?p=5 (zuletzt aufgerufen am 12.1.2018)

170 Kristina Tambke: Transgenerationale Weitergabe traumatischer Erfahrungen kriegs- und vertreibungsbelasteter Kindheiten unter Berücksichtigung nationalsozialistisch geprägter Erziehung und deren Bedeutung für gegenwärtige Familienberatung. Diplomarbeit, Carl von Ossietzky Universität Oldenburg 2010, 59. http: / / www.bkge.de / Downloads / Publikationen / Qualifikationsarbeiten / Tambke-Transgenerationale_Weitergabe_traumatischer_Erfahrungen_kriegs-_und_vertreibungsbelasteter_Kindheiten-2.pdf (zuletzt aufgerufen am 13.2.2018)

171 H.S: 36:26f

172 E.G:10:48f. / 36:56f

173 W.K: 44:28f.

174 U.E: 8:30f.

175 Tambke, 23ff.

176 H.K: 50.26f.

177 H.K: 1:18:40f.

178 Anita Eckstaedt: Vertriebenenschicksale – psychoanalytisch gesehen. In: Hoffmann / Kraus / Schwartz (Hrsg.): Vertriebene in Deutschland. Interdisziplinäre Ergebnisse und Forschungsperspektiven. München 2000, 362.

179 Dan Bar-On: Die Last des Schweigens. Gespräche mit Kindern von Nazi-Tätern. Hamburg 1996, 21.

180 Altes Testament, 2. Buch Mose, Vers 5.

181 Altes Testament, Hesekiel 18, 2.

182 Sabine Bode: Kriegsenkel. Die Erben der vergessenen Generation. Stuttgart 2009.

183 Sabine Bode: Die Vergessene Generation. Die Kriegskinder brechen ihr Schweigen. Stuttgart 2004.

184 Maike Schult: Leiden ist fast nicht besprechbar. In: Drescher / Rüchel / Schöne (Hg.): Bis ins vierte Glied. Transgenerationale Traumaweitergabe. Schwerin 2015, 142.

185 Helga Hirsch: Schweres Gepäck. Flucht und Vertreibung als Lebensthema. Hamburg 2004, 228f.

186 Harald J. Freyberger: Transgenerationale Traumaweitergabe unter spezifischer Berücksichtigung von Nationalsozialismus und SED-Diktatur. In: Drescher / Rüchel / Schöne, 38.

187 Schult, 142.

188 Mario Erdheim: Parentifizierung und Trauma. In: Psychosozial 103 / 2006, 24.

189 Michael J. Froese / Christoph Seidler: Traumatisierung in der Geschichte und Gegenwart (Ost-)Deutschlands. In: Froese / Seidler: Traumatisierungen in (Ost-)Deutschland. Gießen 2009, 37f.

190 H. Freyberger / J. Frommer / A. Maercker / R.Steil: Gesundheitliche Folgen politischer Haft in der DDR. Expertengutachten: Konferenz der Landesbeauftragten für die Unterlagen des Staatssicherheitsdienstes der ehemaligen DDR, Dresden, 2003.

191 Harald J. Freyberger: Transgenerationale Traumaweitergabe unter spezifischer Berücksichtigung von Nationalsozialismus und SED-Diktatur. In: Drescher / Rüchel / Schöne, 43.

192 Michael J. Froese / Christoph Seidler: Kriege, Traumatisierungen, Befreiungen, Neuanfänge und Verluste. In: Froese / Seidler: Traumatisierungen in (Ost-)Deutschland. Gießen 2009, 21f.

193 Gespräch der Verfasserin mit Dr. Heide Glaesmer, Diplompsychologin, Abteilung für Medizinische Psychologie und Medizinische Soziologie an der Universität Leipzig am 15.12.2014.

194 Christoph Seidler: Trauma, Schweigen, Erinnerung. In: Froese / Seidler: Traumatisierungen in (Ost-)Deutschland. Gießen 2009, 81.

195 Christoph Seidler: Lange Schatten – Die Kinder der Kriegskinder. In: Hartmut Radebold (Hg): Kindheiten im II. Weltkrieg und ihre Folgen, Gießen 2012, 158.

196 Frauke Teegen / Verena Meister: Traumatische Erfahrungen deutscher Flüchtlinge am Ende des II. Weltkrieges und heutige Belastungsstörungen. In: Zeitschrift für Gerontopsychologie & -psychiatrie 13, Nr.3 / 4, Bern 2000, 5.

197 Christoph Seidler: Trauma, Schweigen, Erinnerung. In: Froese / Seidler: Traumatisierungen in (Ost-)Deutschland. Gießen 2009, 83.

198 Frauke Teegen / Verena Meister: Traumatische Erfahrungen deutscher Flüchtlinge am Ende des II. Weltkrieges und heutige Belastungsstörungen. In: Zeitschrift für Gerontopsychologie & -psychiatrie 13, Nr.3 / 4, Bern 2000, 6.

199 Christoph Seidler: Trauma, Schweigen, Erinnerung. In: Froese / Seidler: Traumatisierungen in (Ost-)Deutschland. Gießen 2009, 98.

200 Zeitzeugengespräch mit Urte Manjowk. In: Drescher / Rüchel / Schöne (Hg.): Bis ins vierte Glied. Transgenerationale Traumaweitergabe. Schwerin 2015, 52ff.

201 Gabriele Rosenthal: Zur interaktionellen Konstitution von Generationen. Generationenabfolge in Familien von 1890-1970 in Deutschland. In: Jürgen Mansel / Gabriele Rosenthal / Angelika Tölke (Hrsg.): Generationen-Beziehungen, Austausch und Tradierung. Opladen 1997, 22.

202 Harald J. Freyberger: Transgenerationale Traumaweitergabe unter spezifischer Berücksichtigung von Nationalsozialismus und SED-Diktatur. In: Drescher / Rüchel / Schöne, 38.

203 Michael J. Froese / Christoph Seidler: Kriege, Traumatisierungen, Befreiungen, Neuanfänge und Verluste. In: Froese / Seidler: Traumatisierungen in (Ost-)Deutschland. Gießen 2009, 27.

204 Iris Wachsmuth: NS-Vergangenheit in Ost und West. Berlin 2008, 283.

205 Harald Welzer/Sabine Moller/Karoline Tschuggnall: Opa war kein Nazi. Nationalsozialismus und Holocaust im Familiengedächtnis. Frankfurt/M. 2002.

206 Aleida Assmann: Das neue Unbehagen an der Erinnerungskultur. Eine Intervention. München 2013, 33.

207 Ulrich Herbert: Die Nazis sind immer die anderen. In: tageszeitung vom 21.3.2013. Zit. nach: Assmann, 40.

208 Dies ist ein Ergebnis der Interviews, die ich geführt habe. Vgl. auch Kap. 3

209 Sabine Bode: Kriegsspuren. Die deutsche Krankheit German Angst. Stuttgart 2016, 15.

210 Christoph Seidler: Trauma, Schweigen, Erinnern. In: Froese/ Seidler: Traumatisierungen in (Ost-)Deutschland. Gießen 2009, S. 61-101, hier: 73.

211 Michael J. Froese/Christoph Seidler: Kriege, Traumatisierungen, Befreiungen, Neuanfänge und Verluste. In: Froese/Seidler: Traumatisierungen in (Ost-)Deutschland. Gießen , 21.

212 Ebd., 31.

213 Steffen Schmidt/Hartmut Rosa: Institutionelle Transformation – Habituelle Irritation – Sozialstrukturelle Petrifikation: Empirische Befunde und transformationstheoretische Schlüsse zur deutschen Vereinigung. In: Heinrich Best/Everhard Holtmann (Hg.): Aufbruch der entsicherten Gesellschaft. Frankfurt/M. 2012, 420f.

214 Ebd., 436

215 Ebd.

216 Bundeswehr-Journal vom 26.9.2017: In Bundesministerien kaum ostdeutsche Abteilungsleiter. http://www.bundeswehr-journal.de/2017/in-bundesministerien-kaum-ostdeutsche-abteilungsleiter (zuletzt aufgerufen am 17.2.2018)

217 Tanja Bürgel: Ostdeutsche Generationen als Einwanderer in der Bundesrepublik und die Perspektiven der Wendekinder als Generation. In: Heinrich Best/Everhard Holtmann (Hg.): Aufbruch der entsicherten Gesellschaft. Frankfurt/M. 2012, 179.

218 Vgl. u.a.: Harald Welzer/Sabine Moller/Karoline Tschuggnall: Opa war kein Nazi. Nationalsozialismus und Holocaust im Familiengedächtnis, 16; Iris Wachsmuth: NS-Vergangenheit in Ost und West. Tradierung und Sozialisation. Berlin 2008, 293f.; Nina Leonhard: Politik- und Geschichtsbe-

wusstsein im Wandel. Münster 2002, 326f.

219 Iris Wachsmuth: NS-Vergangenheit in Ost und West. Berlin 2008, 294.

220 Tanja Bürgel: Ostdeutsche Generationen als Einwanderer in der Bundesrepublik und die Perspektiven der Wendekinder als Generation. In: Heinrich Best / Everhard Holtmann (Hg.): Aufbruch der entsicherten Gesellschaft. Frankfurt / M. 2012, 173.

221 Peter Bender: Erinnern und Vergessen. Deutsche Geschichte 1945 und 1989. In: Sinn und Form 60,2008. Zit. nach: Christian Meier: Das Gebot zu vergessen und die Unabweisbarkeit des Erinnerns. München 2010, 93.

222 Hans-Joachim Maaz: Leben im ewigen, kritischen Misstrauen. Die Integration des Verdrängten und Tabuisierten. Zum Umgang mit dem Thema Flucht und Vertreibung in der DDR. Vortrag am 12.12.2003. www.bpb.de/mediathek/446/leben-im-ewigen-kritischen-misstrauen. Audio-Datei: 22:10f. (zuletzt aufgerufen am 27.1.2018)

223 www.deutschlandradiokultur.de/inszeniert-deutsche-geschichte-im-spielfilm-wie-das-damals.2156.de.html?dram:article_id=356678 (zuletzt aufgerufen am 9.1.2018).

224 Stephan Scholz: Willkommenskultur durch „Schicksalsvergleich“. Die deutsche Vertreibungserinnerung in der Flüchtlingsdebatte. APuZ 26-27/2016, 40-46.

225 Marco Dräger: Ein Hoch auf Flucht und Vertreibung? Zur Einführung des neuen Gedenktages am 20. Juni. ApuZ 25/2015. www.bpb.de/apuz/208013/zur-einfuehrung-des-neuen-gedenktages-am-20-juni. (zuletzt aufgerufen am 9.1.2018).

226 www.uno-fluechtlingshilfe.de/fluechtlinge/zahlen-fakten.html (zuletzt aufgerufen am 10.2.2018).

227 Joachim Gauck: Rede anlässlich des ersten Gedenktages für die Opfer von Flucht und Vertreibung am 20.6.2015. www.bundespraesident.de/SharedDocs/Reden/DE/Joachim-Gauck/Reden/2015/06/150620-Gedenktag-Flucht-Vertreibung.html (zuletzt aufgerufen am 9.1.2018). Zit. nach: Stephan Scholz: Willkommenskultur durch „Schicksalsvergleich“. Die deutsche Vertreibungserinnerung in der Flüchtlingsdebatte. APuZ 26-27/2016, 41.

228 Joachim Gauck: Rede zum 70. Jahrestag des Endes des Zweiten Weltkrieges. Schloß Holte-Stukenbrock, 6. Mai 2015.

www.bundespraesident.de/SharedDocs/Reden/DE/Joachim-Gauck/Reden/2015/05/150506-Holte-Stukenbrock.html;jsessionid=8C2D16F9CA1238285F84E4F00BC6F9E2.2_cid293 (zuletzt aufgerufen am 10.1.18).

229 Verena Kattermann: Nachdenken über das kollektive Metabolisieren traumatischer Spaltungen. In: Tagungsband 25 Jahre APB, unveröffentlichtes Manuskript, 42.

Beheimatetsein und die Haltung zu Geflüchteten

230 www.spiegel.de/politik/deutschland/ost-west-streit-faktencheck-zu-rassismus-a-1050637.html (zuletzt aufgerufen am 10.2.2017).

231 www.zv.uni-leipzig.de/pressedaten/dokumente/dok_20140604103407_02ffd91ece.pdf (zuletzt aufgerufen am 10.2.2017).

232 Michael Froese/Annette Simon: Geschichte in uns – eine psychohistorische Sicht. In: Tagungsband 25 Jahre APB, unveröffentlichtes Manuskript, 67.

233 Uwe Johnson: Versuch eine Mentalität zu erklären. In: „Wo ich her bin…" Berlin 1994, 21.

234 C.B: 9:37ff.

235 U.B: 3:40ff.

236 U.E: 1:1:20ff.

237 Michael Froese/Annette Simon: Geschichte in uns – eine psychohistorische Sicht. In: Tagungsband 25 Jahre APB, unveröffentlichtes Manuskript, 67.

238 Johannes Müller: Die Mär von den ausländerfeindlicheren Ostdeutschen. Zeit online, 6.9.2016. www.zeit.de/gesellschaft/zeitgeschehen/2016-08/fremdenfeindlichkeit-osten-ursache-bevoelkerung-zusammensetzung-bildung-alter (zuletzt aufgerufen am 11.1.2017).Die Studie wurde vom Autor gemeinsam mit Prof. Peter Selb erstellt.

239 Noch immer große Unterschiede zwischen Ost und West. FAZ, 22.7.2015 www.faz.net/aktuell/politik/inland/ost-west-unterschiede-nach-wiedervereinigung-deutschlands-13715180.html (zuletzt aufgerufen am 11.1.18).

240 Elisabeth Raether: Was macht die Autoritären so stark? Unsere Arroganz. Die Zeit Nr. 33/2016, 4. August. www.zeit.de/2016/33/demokratie-klassenduenkel-rassismus-populismus (zuletzt aufgerufen am 13.1.2017).

241 Steffen Schmidt/Hartmut Rosa: Institutionelle Transformation – Habituelle

Irritation – Sozialstrukturelle Petrifikation: Empirische Befunde und transformationstheoretische Schlüsse zur deutschen Vereinigung. In: Best/Holtmann(Hg.): Aufbruch der entsicherten Gesellschaft. Deutschland nach der Wiedervereinigung. Frankfurt/M. 2012, 422.

242 Andreas Kossert: Kalte Heimat. Geschichte der deutschen Vertriebenen nach 1945. BpB, Bonn 2015, 70.

243 Hans-Joachim Maaz: Leben im ewigen, kritischen Misstrauen. Die Integration des Verdrängten und Tabuisierten. Zum Umgang mit dem Thema Flucht und Vertreibung in der DDR. Vortrag am 12.12.2003. www.bpb.de/mediathek/446/leben-im-ewigen-kritischen-misstrauen (zuletzt aufgerufen am 18.2.2018), 22:40f.

244 Ina-Maria Greverus, zit. nach: Eduard Führ (Hrsg.): Worin noch niemand war: Heimat – Eine Auseinandersetzung mit einem strapazierten Begriff. Wiesbaden und Berlin 1985, 51f.

245 Jean Améry: Wieviel Heimat braucht der Mensch? In: Jenseits von Schuld und Sühne. Stuttgart 2000, 4. Auflage, 81.

246 Ebd., 101.

247 S.+W.K: 1:08:38/1:29:40/1:31:00ff.

248 M.B: 3:28ff.

249 H.D: 51:23ff.

250 H.K: 1:26:50ff.

251 C.B: 47:48ff.

252 U.B: 46:00ff.

253 E.G: 38:28 ff.

254 H.S: 1:54:50ff.

255 www.bim.hu-berlin.de/media/Studie_EFA2_BIM_11082016_V%C3%96.pdf (zuletzt aufgerufen am 10.2.2018).

256 H.S.:0:00ff.

257 www.bim.hu-berlin.de/media/Studie_EFA2_BIM_11082016_V%C3%96.pdf (zuletzt aufgerufen am 10.2.2018).

258 J.S: 1:08:39ff.

259 Jean Améry: Wieviel Heimat braucht der Mensch? In: Jenseits von Schuld und Sühne. Stuttgart 2000, 4. Auflage, 82.

260 Steffen Schmidt/Hartmut Rosa: Institutionelle Transformation – Habituelle Irritation – Sozialstrukturelle Petrifikation: Empirische Befunde und

transformationstheoretische Schlüsse zur deutschen Vereinigung. In: Best/Holtmann(Hg.): Aufbruch der entsicherten Gesellschaft. Deutschland nach der Wiedervereinigung. Frankfurt/M. 2012, 427.

261 Christian Meier: Das Gebot zu vergessen und die Unabweisbarkeit des Erinnerns. München 2010, 96.

262 Daniel Kubiak: Diese Ossis. Fluter Nr. 61, 22.

263 Alexander Kluge: Es ist der Bauer in uns, der nie vergehen wird. Rede zum Ricarda-Huch-Preis 1996. In: Personen und Reden, Berlin 2012, 44.

Offene Gesellschaften – offene Erinnerungskulturen

264 Vgl. Nina Leonhard: Politik- und Geschichtsbewusstsein im Wandel. Die politische Bedeutung der nationalsozialistischen Vergangenheit im Verlauf von drei Generationen in Ost- und Westdeutschland. Münster 2002. / Gabriele Rosenthal: Nationalsozialismus und Antisemitismus im intergenerationellen Dialog. Gießen 1997, 345-356.

265 Vgl. auch: Susanne Greiter: Flucht und Vertreibung im Familiengedächtnis. Geschichte und Narrativ. München 2013, 357.

266 Daniele Giglioli: Die Opferfalle. Wie die Vergangenheit die Zukunft fesselt. Berlin 2016, 9.

267 Zygmunt Bauman im Gespräch mit Roman Leick. In: Der Spiegel, 5.9.2016, 122.

268 Aleida Assmann: Das neue Unbehagen an der Erinnerungskultur. Eine Intervention. München 2013, 208.

Angaben zur Autorin

Uta Rüchel, Jahrgang 1967; Studium der Soziologie, Politik- und Erziehungswissenschaften an der FU Berlin; seit 2002 freischaffende Soziologin, Autorin und Filmemacherin. Schwerpunkte: Zeitgeschichte, interkulturelle Bildung, Biografiearbeit.